志愿者
RECORD OF VOLUNTEERS
档案 2019

河北省共同行动助学基金会 编

志 愿 服 务 是 社 会 文 明 进 步 的 重 要 标 志 。

——节选自习近平致中国志愿服务联合会第二届会员代表大会的贺信

图书在版编目（CIP）数据

志愿者档案 / 河北省共同行动助学基金会编. —— 太原：山西人民出版社，2020.8
ISBN 978-7-203-11495-6

Ⅰ.①志… Ⅱ.①河… Ⅲ.①纪实文学—作品集—中国—当代 Ⅳ.①I25

中国版本图书馆CIP数据核字（2020）第131819号

志愿者档案

编　　　者：河北省共同行动助学基金会
责任编辑：郭向南
复　　审：武　静
终　　审：秦继华
装帧设计：荣誉品牌策略、刘彦杰

出　版　者：山西出版传媒集团·山西人民出版社
地　　　址：太原市建设南路21号
邮　　　编：030012
发行营销：0351—4922220　4955996　4956039　4922127（传真）
天猫官网：https://sxrmcbs.tmall.com　电话：0351—4922159
E—mail：sxskcb@163.com　发行部
　　　　　sxskcb@126.com　总编室
网　　　址：www.sxskcb.com

经　销　者：山西出版传媒集团·山西人民出版社
承　印　厂：石家庄联创博美印刷有限公司

开　　本：787mm×1092mm　1/16
印　　张：32
字　　数：300千字
印　　数：1—2000册
版　　次：2020年8月　第1版
印　　次：2020年8月　第1次印刷
书　　号：ISBN 978-7-203-11495-6
定　　价：68.00元

如有印装质量问题请与本社联系调换

《志愿者档案》编审委员会

总策划　魏　星

主　编　范文燕

副主编　蔺伟利　　刘兵迎　　张　兰

成　员　郭玉玲　　韩东慧　　李军亮　　刘新举
(排名不分先后)
　　　　吴桂萍　　吴韶隆　　王向勇　　王　振
　　　　张福佳　　张慧霞

出品人　河北省共同行动助学基金会

同行志愿者
Peer volunteer
001 — 053

| 路九涛 | 李群江 | 张东峰 | 韩玉谦 |
| 002-003 | 004-007 | 008-011 | 012-014 |

| 曹长春 | 韩明耀 | 杨保方 | 范文燕 |
| 015-017 | 018-020 | 021-022 | 023-026 |

| 梁兰新 | 董志生 | 马立峰 | 陈文华 |
| 027-029 | 030-032 | 033-035 | 036-037 |

| 王向勇 | 赵志云 | 蔺伟利 | 张慧霞 |
| 038-039 | 040-042 | 043-046 | 047-048 |

| 李凤英 | 张 兰 | | |
| 049-050 | 051-053 | | |

志愿团志愿者
Volunteer from the group
054 — 183

| 王 卿 | 贾天丽 | 李 阳 | 任文吉 |
| 056-057 | 058-059 | 060-062 | 063-064 |

| 王丽娜 | 石晓娜 | 于百龙 | 徐双双 |
| 065-067 | 068-069 | 070-072 | 073-075 |

| 高志兰 | 董 佳 | 康增猛 | 门会云 |
| 076-078 | 079-081 | 082-084 | 085-087 |

| 齐玉峰 | 张 昭 | 郭增战 | 刘秋蕙 |
| 088-090 | 091-092 | 093-094 | 095-097 |

| 魏彦昭 | 苑潇允 | 贾静宇 | 付红燕 |
| 098-101 | 102-103 | 104-107 | 108-109 |

| 赵 鹏 | 甄朝净 | 翟 亮 | 李广元 |
| 110-112 | 113-114 | 115-118 | 119-121 |

赵俊坤 122-125	张红卫 126-128	郝子玉 129-130	李　洁 131-132
赵义斌 133-135	李　琴 136-137	贾彦峰 138-140	李保佳 141-143
杨海为 144-145	杨利飞 146-147	张秀平 148-150	张静茹 151-152
孙志强 153-155	赵云彦 156-158	武　静 159-161	刘向明 162-164
张秋平 165-167	郝江涛 168-171	赵晓利 172-173	郭丽媛 174-176
晋泽平 177-178	孙晓波 179-181	杨　彤 182-183	

伙伴志愿者
Partner volunteer
184 — 246

王媛静 186-187	杨学康 188-190	王成兰 191-192	吴红燕 193-195
王昭梦 196-197	杨敬钊 198-200	曹梦娇 201-203	刘继雅 204-205
甄如月 206-207	金　芳 208-209	张　升 210-211	葛舒悦 212-214
张睿馨 215-216	李隆鑫 217-219	陈　蕊 220-221	董　娜 222-223
靳亚召 224-225	刘继敏 226-227	刘诺宇 228-230	苗紫璇 231-232
张　贺 233-235	杨梅钰 236-237	袁　丹 238-239	岳哲伟 240-241
张　如 242-243	赵建伟 244-246		

联名推荐 JOINT RECOMMENDATION

邱县第一中学 校长 韩明耀
临西县第二中学 校长 张立国
吴桥中学 书记 韩玉谦
吴桥县何庄中学 校长 孙立功
深州市第一中学 校长 柳树永
深州市中学 校长 霍万聚
深州市旧州中学 校长 魏增路
冀州中学 校长 郭振领
赞皇县中学 书记 王吉朝
河北饶阳中学 校长 丁晓航
故城县郑口中学 书记 于国恒
故城县育才中学 校长 王彦斌
康保县第一中学 校长 闫广平
尚义县第三中学 校长 刘胜
平乡县第三中学 校长 池素云
衡水中学 校长 郗会锁
固阳县第一中学 校长 蔡有渊
固阳县第二中学 校长 卢清城
河北新河中学 校长 曹长春
馆陶县魏僧寨中学 校长 白田志
馆陶县实验中学 校长 韩兆军
馆陶县第一中学 校长 王明照
涉县鹿头中学 校长 付晓强
涉县西戌中学 校长 王晓亮
涉县索堡中学 校长 宋利兵
井陉县障城中学 校长 王利锁
河北无极中学 校长 刘军祥
临城县石家栏中学 校长 赵瑞华
临城县东镇中学 校长 吕军杰
临城中学 校长 薛建芳

临城县第二中学 校长 张国锋
涞水县林清寺中学 校长 赵秀超
涉县西达中学 校长 苑海平
涉县原曲中学 校长 李平年
衡水第一中学 副校长 王建勇
广宗县第一中学 校长 王学勇
承德县第四中学 校长 李义锋
承德县第一中学 校长 王占民
辛集市信德中学 校长 冯建卫
河北阜平中学 校长 孟庆学
新乐市第一中学 校长 强军宏
河北宁晋中学 校长 王瑞中
河北平山中学 校长 郭建国
磁县第一中学 校长 刘伟彬
临西实验中学 校长 张金章
河北内丘中学 校长 李文海
河北柏乡中学 校长 郭贵锋
河北省清河中学 校长 钱明安
河北省任县中学 校长 贾少军
河北威县第二中学 校长 魏凤烨
邢台县会宁中学 校长 王辉
河北省涉县第二中学 校长 曹彦如
宁晋县第六中学 校长 赵同报
河北盐山中学 校长 张东峰
灵寿县第二初级中学 校长 尚聪智
兴隆县六道河中学 校长 贾利民
蔚县西合营中学 校长 赵杰

赵俊坤 122-125	张红卫 126-128	郝子玉 129-130	李　洁 131-132
赵义斌 133-135	李　琴 136-137	贾彦峰 138-140	李保佳 141-143
杨海为 144-145	杨利飞 146-147	张秀平 148-150	张静茹 151-152
孙志强 153-155	赵云彦 156-158	武　静 159-161	刘向明 162-164
张秋平 165-167	郝江涛 168-171	赵晓利 172-173	郭丽媛 174-176
晋泽平 177-178	孙晓波 179-181	杨　彤 182-183	

伙伴志愿者
Partner volunteer
184 — 246

王媛静 186-187	杨学康 188-190	王成兰 191-192	吴红燕 193-195
王昭梦 196-197	杨敬钊 198-200	曹梦娇 201-203	刘继雅 204-205
甄如月 206-207	金　芳 208-209	张　升 210-211	葛舒悦 212-214
张睿馨 215-216	李隆鑫 217-219	陈　蕊 220-221	董　娜 222-223
靳亚召 224-225	刘继敏 226-227	刘诺宇 228-230	苗紫璇 231-232
张　贺 233-235	杨梅钰 236-237	袁　丹 238-239	岳哲伟 240-241
张　如 242-243	赵建伟 244-246		

联名推荐 JOINT RECOMMENDATION

邱县第一中学 校长 韩明耀
临西县第二中学 校长 张立国
吴桥中学 书记 韩玉谦
吴桥县何庄中学 校长 孙立功
深州市第一中学 校长 柳树永
深州市中学 校长 霍万聚
深州市旧州中学 校长 魏增路
冀州中学 校长 郭振领
赞皇县中学 书记 王吉朝
河北饶阳中学 校长 丁晓航
故城县郑口中学 书记 于国恒
故城县育才中学 校长 王彦斌
康保县第一中学 校长 闫广平
尚义县第三中学 校长 刘胜
平乡县第三中学 校长 池素云
衡水中学 校长 郗会锁
固阳县第一中学 校长 蔡有渊
固阳县第二中学 校长 卢清城
河北新河中学 校长 曹长春
馆陶县魏僧寨中学 校长 白田志
馆陶县实验中学 校长 韩兆军
馆陶县第一中学 校长 王明照
涉县鹿头中学 校长 付晓强
涉县西戌中学 校长 王晓亮
涉县索堡中学 校长 宋利兵
井陉县障城中学 校长 王利锁
河北无极中学 校长 刘军祥
临城县石家栏中学 校长 赵瑞华
临城县东镇中学 校长 吕军杰
临城中学 校长 薛建芳

临城县第二中学 校长 张国锋
涞水县林清寺中学 校长 赵秀超
涉县西达中学 校长 苑海平
涉县原曲中学 校长 李平年
衡水第一中学 副校长 王建勇
广宗县第一中学 校长 王学勇
承德县第四中学 校长 李义锋
承德县第一中学 校长 王占民
辛集市信德中学 校长 冯建卫
河北阜平中学 校长 孟庆学
新乐市第一中学 校长 强军宏
河北宁晋中学 校长 王瑞中
河北平山中学 校长 郭建国
磁县第一中学 校长 刘伟彬
临西实验中学 校长 张金章
河北内丘中学 校长 李文海
河北柏乡中学 校长 郭贵锋
河北省清河中学 校长 钱明安
河北省任县中学 校长 贾少军
河北威县第二中学 校长 魏凤烨
邢台县会宁中学 校长 王辉
河北省涉县第二中学 校长 曹彦如
宁晋县第六中学 校长 赵同报
河北盐山中学 校长 张东峰
灵寿县第二初级中学 校长 尚聪智
兴隆县六道河中学 校长 贾利民
蔚县西合营中学 校长 赵杰

同行志愿者

Peer volunteer

领航志愿者
社会志愿者
共同行动秘书处

001—053

大家一起做公益，邂逅；
携手一同共行动，美好；
倾注爱心，方能收获温馨。
—— 蓝伟利

一滴小爱，
的海洋。
—— 张兰

与爱同行，志愿服务，做一个善良

在共同行动·相信爱·坚持爱

奉献爱、享受爱

档案 2008-06

姓名	路九涛
性别	男
成为志愿者时间	2008 年 6 月
志愿者编号	0010295
志愿者背景	原邱县第一中学教师 现邱县实验中学校长

志愿者服务语录

用我们一点一滴的小爱，成就孩子心中一片片阳光，不忘加入共同行动之初的力量，使爱心温暖我们身边的孩子，让它传递得更久远。

路九涛

I've been a volunteer of Joint Action for 12 years continually

十二年我一直做志愿者

邱县实验中学
路九涛

一人一车冰雪千里献爱心

我清晰记得,2007年11月13日,魏先生一人到邱县来与我们座谈,表示要资助一批贫困孩子,并协商资助20名学生。他特别交代我不要透露捐款人姓名,约定12月初把善款送来。12月5日夜里就下起了雨夹雪,路面结了冰,空中又起了雾。我想这么恶劣的天气,魏先生那么大的一个老板一定不会来了,毕竟,安全第一,捐款晚点没事。可是我们万万没有想到,上午11点多,魏先生独自一人开着自己的汽车,冒着很大危险,突破大雾和路面结冰的巨大困难,用冰冷的手把充满爱心的第一批善款10万交给我,还说因为下雪有雾来晚了,连中午饭也没有吃一口,就匆忙赶往临西,当时还说了一句话——"别让孩子等我太久,再困难我也要按时送到",当时那份感动和激动我至今记忆犹新。在2007年,我有幸和魏先生相见相识,通过交谈第一次了解魏先生的慈善之心,帮助原则:不帮优不扶穷,只帮助"能进步的贫困学生"(渴望进步但家庭困难,我们帮一把,孩子就能进步,能成才)。这件事让我看到了魏先生的初心、善心、爱心、决心,更让广大的贫困学生看到了光明和希望。

共同行动"互联网+"
——让大爱无疆

2016年12月10日,我有幸参加了共同行动2016年度工作会议并聆听了魏先生的发言。会议由范老师主持,她声情并茂地对共同行动成立9年多来的活动情况进行了简要介绍,对共同行动纲领及工作指南等工作文件进行了系统的重点解读;共同行动秘书处蒋老师就共同行动帮扶工作具体情况做了汇报发言;新河县委李书记用满含诗意的语言对共同行动爱心助学活动给予充分肯定和支持;各帮扶点之间进行了共同行动帮扶工作经验交流。最后,共同行动魏先生代表爱心人士做了总结发言。他满怀深情地回顾了共同行动的发展历程,系统地描绘了共同行动发展愿景,鼓励大家继续努力,把共同行动资助贫困中学生的爱心事业一直做下去,做得越来越好。魏先生说,很多国内外的慈善家和企业家听了或看了共同行动所做的事,非常愿意加入其中,我们的爱心人士会越来越多,爱心捐款会越来越多;共同行动通过民政部门注册成为正式的爱心慈善机构,已接受捐助善款3230余万元,在越来越多的爱心人士共同努力下,在秘书处规范科学的管理下,在越来越多的志愿者服务下,我们的共同行动一定会越走越远,越走越好,让越来越多的贫困中学生得到资助,让越来越多的贫困中学生看到希望……

12年历程,虽然我只和魏先生见了3面,但我一直做共同行动志愿者。我时常在想,魏先生等爱心人士的企业也经历了艰难的时刻,但是善款却总是按时足额发放,资助形式越来越多,这需要多么大的决心和毅力,真是不忘初心、大爱无疆。

■ (同行志愿者:路九涛)

档案 2008-04

姓名	李群江
性别	男
成为志愿者时间	2008年4月
志愿者编号	0010078
志愿者背景	新河县委书记

志愿者服务语录

做公益、献爱心、是每个人应做的事！

李群江

I will continue to do as a senior volunteer

这个资深志愿者我要一直做下去

新河县委书记
李群江

为谁辛苦为谁甜

去年以来,繁忙工作之余,我有两项"消遣",一个是多年的爱好——打篮球,另一个是静下心来读一读孩子们写给我的信。

"李伯伯,我们在这里学到了好多东西,武术、高尔夫球……我还尝试了第一次用英语上台演讲呢……"

"李伯伯,我第一次见到了美国老师,上课的方式真的很有趣,我们倍加珍惜这次学习机会……"

"敬爱的李伯伯,感谢您为我们推荐的夏令营活动,也感谢共同行动的叔叔阿姨,我们回去一定会更加努力学习,将来回报社会,回报共同行动和所有帮助过我们的爱心人士,为祖国的繁荣昌盛做出我们自己的贡献。"

这是参加夏令营回来后的孩子们写给我的信。

没想到孩子们如此珍惜学习机会,如此积极上进,如此变化大,如此不忘感恩社会,我愈发觉得这场活动举办得有价值、有意义。

我们作为成年人,作为公务人员,为谁辛苦?为谁甜?初心不就是为了提高百姓的幸福指数、为了祖国和家庭的未来吗?

从这里我得到了精神力量。

快乐的世界里一个都不能少

我任职的新河县是国家级贫困县,要落实习近平总书记提出的"扶贫先扶志、扶贫必扶智"的要求,真正"阻断贫穷的代际传递",我觉得对建档立卡等贫困家庭孩子精神的慰藉、志向的树立、品行的培养是关键，需要破题，也是难点。此时我想到了共同行动这个慈善组织，想到了热衷于帮扶贫困学生的老朋友魏先生。

初识魏先生，是我在临城县工作期间，算来将近十年了，一开始还怀疑过其动机，但通过多年的交往，他亲自驾车，风里来雨里去的对扶贫的执着，感动也感染了我。他时常来新河中学帮扶点指导工作，我只要在新河就一定会陪着他，我也会给他提些好的建议，我们成了老朋友。

"老魏，可否开个绿灯，给我们几十个名额，让我们县建档立卡户学生也参加一下外教夏令营。"

"咱们共同行动的宗旨就是要帮扶那些需要帮扶、值得帮扶的学生，你说的这些学生不正是我们要帮扶的对象吗！你们就下周过来吧，我给你们挤出两个班100人的名额吧。"

我和新河的志愿者专门找了魏先生，我开门见山，他一锤定音。

孩子们组成了"新河县新星启航团队"，两个班。

去年8月7日，我和几个同事去营地看孩子们。我们共进晚餐，切身感受到了孩子们的天真、活泼、可爱，也发现了孩子们的成长与进步。我有意识地用英语和孩子们对话，发现孩子们的英语口语水平

确实有了变化。原先孩子们学的都是哑巴英语，现在能够大胆地开口说话了。从另一个方面讲，孩子们整个的精神面貌也有了改观。通过参加活动，自信、乐观、大方等在言谈举止中自然流露了出来。

共同行动举办的夏令营是不一样的夏令营，从新河县来的这些孩子是不一样的群体。但是，经过共同努力，他们有了和其他孩子一样的收获和快乐，我由衷地感到高兴。

感谢我的爱心同事

共同行动献爱心、做善事，给参与的人们带来精神上的愉悦和满足，净化心灵，收获快乐。而我还始终认为，善心办好事一定会有福报。

冀川、朱峰、军伟、建晓等多位同事，他们也是心系教育扶贫、关心孩子们成长的爱心志愿者，同我一道参加年会活动、慰问夏令营的孩子们，精心筹办了"共同行动走进新河10周年"活动，都收获颇多、

乐此不疲。

在此我要感谢这些同事们的陪伴，能与大家在帮扶孩子们的道路上同行，我感到特别的踏实，既增强了信任又促进了工作。

做公益、献爱心、助教育是社会责任，也是每个人应做的事，我希望有更多的人加入进来，形成良好的社会氛围，为孩子们的成长加油助力。

旗帜指引方向

"党的领导是做好党和国家各项工作的根本保证，是战胜一切困难和风险的'定海神针'。"在共同行动建立党支部，发挥党支部的引领作用，是使共同行动发展壮大的必要条件。

当提到这个建议时，魏先生与我不谋而合。

共同行动迅速建立了党支部，构建了"党建+扶贫"新模式，并于2019年3月5日，来到033新河中学帮扶点与新河中学党支部举行了党建联动活动。

共同行动党支部一行还专门到"董振堂事迹陈列馆"接受了红色教育。讲解员讲到一件事，董振堂将军在长征途中带领战士用鲜血和生命为一位临产的女红军战士阻击敌人，在炮火中硬是打出了一段生孩子的时间，当时有的战士不理解，董振堂说："我们今天革命不就是为了孩子们吗？"魏先生听到这个故事，非常感慨："董将军说得多好啊，我们建立共同行动这个慈善组织的初心也是为了孩子们啊！"

我们所做的一切，为谁辛苦为谁甜？答案早就有了。

不忘初心，方得始终！

范文燕老师单独给我"封"了个"资深志愿者"的名号，这个资深志愿者我要一直做下去。

■ （同行志愿者：李群江）

档案 2018-04

姓名	张东峰
性别	男
成为志愿者时间	2018 年 4 月
志愿者编号	Z088001
志愿者背景	河北省盐山中学校长 共同行动 088 志愿团领航志愿者

志愿者服务语录

因为爱和共同行动结缘，
为了爱和共同行动同行。

张东峰

Moved by the deep love

感动源自那份深沉的爱

088 志愿团
盐山中学
张东峰

　　对于早已进入不惑之年的我来说，"感动"也许是一种有些陌生甚至奢侈的感受。但自从和共同行动助学基金会结缘，成为一名志愿者以来，如果让我说我最大的收获，那就是"感动"。

　　我，大学毕业回到家乡，当过老师，当过公务员，又回到学校成为一名教育工作者，经历算不上丰富，没有历尽沧桑，更没有看破红尘，爱这个世界，爱一切美好的东西。不过岁月这把杀猪刀也慢慢把我打磨得越来越坚硬圆滑，心还在，梦依然，可总觉生活中多了些平淡，少了些波澜，越来越看不透这个世界，新时代的人们越来越近，也越来越远，尤其在闲暇，看着周围的人们忙着喝酒打牌，要么抱着手机刷微信、发抖音，津津有味于别人的生活时，我总有种百无聊赖、被世界抛弃的感觉。有时难免自嘲，这世界上人人都在忙，谁还像我，有空多愁善感啊。直到去年春天，一个偶然的机会，加入了共同行动，这就像密闭的生活中突然进来了一束光，透过这光，我发现了一个新的世界，新的我。

　　2018年4月27日，在春暖花开的时节，我们正式加入共同行动助学基金会，我也成为一名志愿者。我没有想到，这个有些仓促的决定会给生活翻开新的一页……

　　一个冬日的下午，普普通通的日子，寒风凛冽。一位穿着呢子大衣、夹着个公文包、衣着简朴，看上去普普通通的客人走进了学校的大门。他就是共同行动助学基金会的魏先生。见面，落座，没有寒暄，直奔主题："这次来，一是看望帮扶的学生，二是听听你们帮扶点还有什么问题。"于是召开志愿者座谈会、学生座谈会，问了一大堆的问题，反反复复说，不厌其烦讲。和孩子们交流得不亦乐乎，犹如一位邻居老大爷，满眼的关怀，满心的期待，不知不觉天已黑了，草草地在学生餐厅吃了几口饭，又和我们这些志愿者攀谈起来……抬眼一看，晚上11点多了，起身，告辞，夹着公文包，执意独自离开。送走他后，我的好奇心也起来了，是什么力量让一位年过半百的先生如此执着，如此充满激情？

　　几天后，来了一个快递。打开一看，有几本书，有点旧，是路遥的几部小说。还有一个纸条："请把这几本书转交给宋书峰同学·魏。"我一愣，想了半天，才回忆起，那天下午魏先生和学生座谈时，有个同学提到喜欢看路遥的小说，没想到这件小事魏先生竟然放到了心上，这么快就把自己珍藏的书给寄过来了。当我把书转交给宋书峰同学时，孩子满脸惊喜，眼里含着泪水，深深地给我鞠了一躬……那一刻，我被深深地打动了，这个世界上，有谁对一个孩子的话如此上心，仅凭一面之缘就把自己珍藏的东西无私相送？这就是爱，一种无私的人间大爱。我不知道这孩子以后会怎样，但我知道，在他的心里，已经种下了爱的种子，这将影响他的一生。

"老外来了"，这个爆炸性新闻很快传遍校园，对于一所贫困地区的普通高中来说，看到老外还真是件稀罕事。这是共同行动助学基金会牵头组织的"丰羽计划——外教训练营"。三位外教在美丽大方的志愿者范文燕老师带领下来到校园。四天时间里，同学们每天在范老师的带领下，上早操、跟外教上课、一块就餐、午休、课外游戏、素质教育……一天十多个小时，范老师风风火火的身影无处不在。四天时间很快就过去了，到了结营仪式了。《真假美猴王》《农夫和蛇》《七个小矮人和白雪公主》……同学们在舞台上用英文尽情地表演，台下笑声、掌声、欢呼声响成一片，就连平时英语仅能考二十多分的蔡和硕同学也给同学们来了一段英语演讲，引来一片赞叹。看到这一切，我简直不敢相信自己的眼睛，这也太神奇了！仅仅四天时间，怎么这些孩子都脱胎换骨了呢，这变化也太大了。仪式结束了，孩子们冲上舞台，和外教，和范老师紧紧拥抱，有的孩子激动得热泪盈眶，拉着范老师的手久久不愿离开，范老师的眼眶也是红红的，不停地鼓励着孩子们……我在旁边跟着沾了光，有几个胆大的同学也过来给了我拥抱，我不无嫉妒地和范老师开玩笑："你看，我和孩子们相处这么长时间了，也没几个拥抱我，他们和你仅仅认识了四天时间，都成了你的粉丝了。"

转眼间，我成为一名共同行动志愿者一年多了。一年多来，和孩子们一起聊天，一块吃月饼，一起参加夏令营，帮学生领取基金会送来的学习用品和牙膏、牙刷、脸盆、香皂等生活用品，分享着他们的快乐，欣喜着他们的进步，见证着他们的成长。我看到，孩子们自从加入了共同行动，脸上阴霾少了，阳光多了；自卑少了，乐观多了；怯懦少了，勇气多了。一张张青春的笑脸，一个个矫健的身影，一副副能量满满的样子，都让人感叹年轻真好。是共同行动，是志愿者们改变了他们。而我，也因成为一名志愿者而有机会重新审视自己，体会自身的价值，感悟生活的意义。它让我透过眼前的一切看到了世界的博大、生活的美好以及人性的光辉，更让我在参与中收获了发自内心的快乐和幸福。在和共同行动专职志愿者接触中，不时被他们感动，他们的一言一行、点点滴滴感染着我，指引着我，让我更切身地感受到助人者自助、乐人者乐己的哲理。这个世界其实并不缺少爱，处处有善念和美好，关键还要看我们用什么样的眼光去发现，以什么样的心境去感知，以什么样的态度去践行。我觉得，不管世界如何变化，我们还得相信些什么，相信人间自有真情在，相信真的永远假不了，相信正义会战胜邪恶，相信明规则会战胜潜规则，尤其是作为一名教育工作者，更应该坚守教书育人的初心，牢记立德树人的使命，不管风吹浪打，我自岿然不动。这才是我们的本职、本分、本真。

　　我一直认为，作为一名老师是神圣的，燃烧自己，照亮别人，关心别人的孩子超过关心自己的孩子，尤其在这个处处充满欲望和诱惑的社会，做老师更要耐得住寂寞，守得住清贫，更需要情怀和坚守。成为一名共同行动的志愿者后，我感觉这个新身份也是神圣的，魏先生、范老师、张老师、小苏、小王等志愿者，他们也是这个世界上最值得尊敬的人。默默地做慈善，执着地做公益，十余年来，不求回报，不计得失，他们又何尝不是怀着一种情怀和坚守。爱出者爱返，福往者福来。和他们同行，我也慢慢体会到了志愿者工作的意义和使命的伟大，可能每个志愿者只做了一点点，但积水成渊，涓涓细流汇成江河，改变的却是一群人的命运，最终改变的是这个世界。

　　我是一名共同行动的志愿者，一念至此，又感动了……

　　■（同行志愿者：张东峰）

档案 2010-09

姓名	韩玉谦
性别	男
成为志愿者时间	2010 年 9 月
志愿者编号	Z006003
志愿者背景	河北吴桥中学书记 共同行动 006 志愿团领航志愿者

志愿者服务语录

共同行动把爱做成一项可激励成就人才发展，可凝聚传递爱心责任，传播正能量，服务新时代的伟大事业。我愿终生追随。

韩玉谦

A thorough criticism

一次醍醐灌顶的批评

006 志愿团
吴桥中学
韩玉谦

  这些日子，我就像一只被抽转的陀螺，旋转得来不及品味日子的味道。高考尘埃落定，招生几近结束，终于能静下心来，做一些同样重要且未完成的事情。第一件事情，就是把纸铺开，让思绪去那个有归属感、有温暖、有信仰和力量的地方——河北省共同行动助学基金会。

  其实，一直未敢忘记嘱托，但又一直惴惴而无从着笔，仿佛一场初恋，见到所爱，满怀一肚子话语，却又无从言表，最后词不达意地冒出一句："今天的天气还不错啊。"

  爱的表达似乎总是笨拙的，就像今天，面对共同行动，一腔赤诚，却拙于言语，静默半响，把那最炽烈的三个字送给你：我——爱——你！对你，我已爱恋；对你，我已刻骨铭心；对你，我已魂牵梦绕！我把我的一颗心掏出来，奉献给你！

  与共同行动从"打交道"（虽不恭，但实情）到融入，到成为光荣的一员，也有了七八年的时光，对共同行动的情感也日渐浓郁，直到深深地被吸引，被同化，直至成为一种执着追求的信念。

  话还得从一次批评说起。

  2017年年底，共同行动年会召开的日子。我和学校的专职志愿者徐双老师与县教育局共同行动志愿者梁兰新老师如约前往，行前还特意为共同行动选了一棵挂满五颜六色"苹果"的水晶树作为礼物，寓意共同行动是一棵大树，每个帮扶点就是共同行动结出的硕果。选完礼物，还曾为自己的"用心"和"精心"有些小得意。

  然而，很快我的小得意就被打得粉碎。年会上通报了各志愿团细致翔实的工作数据，我们自然非常糟糕，因为作为领航志愿者，我基本没做什么，对专职志愿者做的各项工作过问得也少，更谈不上制定工作计划等主动性工作了。

  每一个数据的公布都像一记鞭子抽打着我，让我羞愧难当，恨不得找个地缝钻进去。会议休息期间，基金会魏先生特意找到我，问我学校共同行动的情况时，我

也张口结舌,问到考上清华大学的庞众望(共同行动帮扶学生)的时候,我也不甚了解。此时有一种无以言表的愧疚感:我这个领航志愿者太不称职了。

随后,理事长专门对共同行动这个公益组织的理念、宗旨等进行了深刻解读,我被深深地吸引,迷醉、折服,对共同行动有了更深的认识。

共同行动,是一群高尚的人组成的一个伟大的组织,是一个把爱做成事业的队伍,是一群为孩子未来进步、健康成长、爱心传递铺就宽广大道的筑路人。

从那以后,我的心有了归属感,找到了定位和方向。也是从那时起,我打定主意:共同行动,我要跟你一辈子。

■ (同行志愿者:韩玉谦)

姓名	曹长春
性别	男
成为志愿者时间	2018 年 1 月
志愿者编号	Z033001
志愿者背景	河北新河中学校长 共同行动 033 志愿团领航志愿者

志愿者服务语录

择善人而交，择善书而读；
择善言而听，择善行而从。

2019.11

我的团长我的团

033 志愿团
新河中学
本文作者：翟亮

在后来的许多日子里，我都曾无数次回忆起那个冬天的清晨。"翟亮，你开车啊。"微笑的面容和极具亲和力的声音同时映入我的脑海。现在想来，那天的阳光真好，那张刚毅的脸庞在光线的照射下愈发明朗起来。初见新领导的忐忑心情，开始在随和的氛围里慢慢消融。

那天是2018年1月20日，是我第一次见到我们领航志愿者曹长春老师的日子，也是共同行动2017领航志愿者年度工作大会召开的日子。本来以为他是到任第一天，杂务繁重，不会来参加会议（后来听说，严格讲那天是曹老师就任校长的第二天），不想曹老师却坚决地来了。

在路上，曹老师和我们聊了很多，他说："共同行动是全县教育扶贫工作的亮点、重点，更是一心为了孩子、为了教育的善事、好事，我们必须更加努力地把它做好、做大、做强，不辜负所有关心和关注我们的领导、共同行动助学基金会及爱心人士、志愿者老师的信任与重托。"

曹老师是这样说的，也是这样做的，而且是带着一股勇于担当的魄力做的。就说去年冬至那天上午，我们在共同行动工作例会上讨论如何更好地开展活动的时候，我只是随口说了下那天是冬至，吃饺子就是一个很好的机会，曹老师听了当机立断，并亲自去和餐厅进行协商，还亲临活动现场和培羽生一起包饺子、煮饺子。曹老师做好共同行动的信心和决心、为了培羽生不怕万难的魄力，给我们志愿团老师们留下了深刻的印象，激起了大家要大干一场的斗志。

Leader for the team

有了领航志愿者的重视与肯定，我们志愿团的工作有了一个全面的突破。拿活动来说，我们以各种节日为依托，先后开展了"5·20表白爱心人士活动""端午节民俗活动""小年慰问敬老院孤寡老人活动""植树节——'共同行动之春'活动"等等一系列形式各样、丰富多彩的文体活动，给予了孩子们更多的陪伴和关怀，让孩子们在活动中不断成长、收获快乐。

我们志愿团还响应曹老师"我们也要为共同行动做些什么"的号召，深入各企业宣传共同行动组织，宣讲"爱心企业项目"。房地产行业是我县的纳税大户，曹老师就亲自带领我们志愿团与几家大的房地产企业进行了交流，我们从教育公益事业的意义讲到共同行动的助学事迹，再讲到公益捐款的具体抵税政策。企业负责人听不明白，我们就和企业会计讲；我们讲不明白，就邀请税务局的负责人、秘书处的老师们帮助讲。最终，我们成功地与这几家房地产企业达成了初步共识，并已有爱心企业为共同行动2019年夏令营捐助善款37500元，为共同行动事业的发展，为共同行动培羽生的健康成长，贡献了我们志愿团的力量。

"百尺竿头不动人，虽然得入未为真。"成就是有了一些，但离大家的要求和期待还相去甚远，我们要整装再次启程。相信在曹老师的带领和大家的共同努力下，我们的共同行动事业一定会更上一个台阶。加油吧，033新河中学帮扶点，加油吧，我的团长我的团。

■ （同行志愿者：曹长春）

档案 2017-11

姓名	韩明耀
性别	男
成为志愿者时间	2017 年 11 月
志愿者编号	Z002001
志愿者背景	邱县第一中学校长 共同行动 002 志愿团领航志愿者

志愿者服务语录

志愿者是善与爱的象征，是博爱的体现，是爱心的代言。没有报酬，没有掌声，没有花环，有的是一种默默奉献的精神。愿爱心和善心永远陪伴所有培羽生。

韩明耀

Piloting with sail for the route of volunteering

领航扬帆 志愿远航

002 志愿团
邱县第一中学
本文作者：李阳

    时光荏苒，光阴似箭，时间如流水般流走，不能留之一瞬，想留都留不住，然而共同行动却十数载如一日初心未改，留下了足以震撼人心的慈善壮举：匆匆十二载，近 20000 名培羽生，近 6000 万元帮扶款，近百个帮扶点，1000 余名志愿者，时间无情，数字为证，此种壮举，感动天地。而我们 002 邱县一中有幸成为第一批帮扶点，自 2007 年到目前共同行动已经为 002 邱县一中帮扶点 497 名培羽生打开了绿色通道，累计提供帮扶金达 124.1980 万元。在这十二年时间内我们帮扶点一直跟随共同行动的脚步，遵从纲领，履行承诺，砥砺前行。匆匆十二载，002 志愿团历经三届领导，但是每一届领导对我们共同行动的工作都给予了很大的支持，尤其是现任的领航志愿者韩明耀。韩老师作为一个学校的大家长，事无巨细，统筹规划，运筹帷幄，对共同行动的工作更是厚爱。每个项目的申请，韩老师都无条件地通过。韩老师说："共同行动是一个实实在在的慈善组织，以爱的传递为目的，克服重重困难，牺牲个人利益成就我们孩子的梦想，出发点都是为了需要帮扶的孩子，那一定是有意义的，不需要仔细斟酌是否要做，只是去做就好，而且一定要做好。"尽管学校资金紧张，但是对共同行动"爱心之家"，配备却毫不吝啬。我们专职志愿者也会不定期接到韩老师询问共同行动工作的电话。我们帮扶点共同行动的每一项工作的顺利开展都离不开领航的大力支持。这次的志愿者风采实录也对韩老师进行了专门的采访，韩老师有些话想要说：首先还是要表达对共同行动这么多年对002邱县一中帮扶点497名培羽生倾囊相助的感激之情，感谢他们在生命中遇见共同行动，让他们在迷茫时重获希望；再次，韩老师正在学习习近平总书记重要讲话精神，感慨颇深，他感慨中国自改革开放以来，国家各个方面之所以迅猛突进，离不开每一个吃苦耐劳、坚韧乐观的科学家，离不开淡泊名利、追求卓越的奋斗者，离不开奋力追赶、不舍昼夜的追赶者，这些成果是每一个努力的人、群体共同努力的结果。共同行动的温暖已经为孩子们扣好了人生的第一粒扣子，他希望每个培羽生可以在这温暖的包围感染下励志成为对社会有用的人，为社会做出应有的贡献。中华人民共和国成立70年来，中国共产党将人民的愿望作为自己至高无上的奋斗目标，把人民的活力和创造力汇聚成改革开放的洪流，凝聚起改革开放的磅礴力量，创造了人类历史发展的奇迹。共同行动以祖国的未来为帮扶对象，不帮优不扶穷，只帮助想要进步的祖国花朵，十二年已经拯救了千千万万花朵，由点点星火蔓延成燎原之势，势必在未来更加壮大，创造更多的奇迹。韩老师表示，他在领航位置上，定将共同行动002志愿团各项工作做到最好。

■ （同行志愿者：韩明耀）

姓名	杨保方
性别	男
成为志愿者时间	2018年3月
志愿者编号	Z086002
志愿者背景	涉县辽城乡人大副主席 共同行动086志愿团原领航志愿者

志愿者服务语录

奋进的力量我们共同凝聚，前行的困难我们共同面对，成功的喜悦我们共同分享。孩子，每一个都是我们最美丽的未来！

杨保方

有这样一位志愿者

There is such a volunteer

086志愿团
涉县二中
本文作者：郭丽媛

在我们086涉县二中帮扶点，有这样一位志愿者，他得知河北省共同行动助学基金会是一家助力农村中学生成长进步的民间慈善机构的消息后，高兴地说："共同行动的理念太符合我们的校情了。"于是，他在学校大力宣传共同行动，并号召老师们申请做志愿者。在他的积极努力和教体局基金会的帮助下，从成立志愿团到成立帮扶点，仅仅用了22天的时间。通过志愿团老师们加班加点的辛勤工作，第一批36名培羽生的申请工作顺利完成。在秘书处对我帮扶点各项工作进行综合评估后，志愿团的出色工作为孩子们争取到了参加共同行动品牌活动——夏令营的机会。

尽管遇到一些困难，但他想尽办法让36名培羽生顺利成行。在夏令营期间，他一有时间就关心培羽生的学习生活情况，及时给带队志愿者老师指导。他还常在微信群里鼓励孩子们心怀感恩，珍惜这汇集了爱心人士、秘书处和志愿团等众多爱心力量才有的宝贵学习机会。在夏令营结束返校时，他在外地开会，就委托志愿团为培羽生召开欢迎仪式。这些温暖成为培羽生成长进步的强大动力。

他经常鼓励培羽生要好读书，读好书。2018年12月，在为培羽生和家长召开年终总结会时，他自掏腰包为优秀培羽生赠书。在赠书仪式上孩子们感动万分，自发地向他深深鞠躬，表达了用语言无法表达的敬意。在赠书之后，他还想让更多的同学读更多更好的书，于是多方筹资。他渴求孩子们进步的迫切和真诚令人感动，帮扶点先后得到了爱心人士——本帮扶点优秀毕业生赵昀东先生，爱心企业——鑫工农机制造有限公司、涉县交换空间装饰工程有限公司的捐助。在共同行动爱心平台的帮助下，我帮扶点为孩子们建成了藏书十万余册的"共同行动·七彩书屋"。每每看到孩子们走进舒适宁静的"七彩书屋"，捧一本自己喜爱的书，在与大师对话的过程中，慢慢获得"我自信、我拼搏、我成功"的人生理念，我都在想：遇到他是孩子们的幸运，是老师们的幸运，更是二中的幸运。

他就是我们志愿团的领航杨保方老师。我讲的只是他2018年春天到二中以来做的成百上千件事中的几件而已。他不论清晨还是午夜，不论周末还是暑假，都如此高负荷工作，用实际行动激励着每个二中人。

在2019年5月7日晚上七点，共同行动的志愿者范文燕等一行人不辞辛苦来看望我帮扶点培羽生时，杨老师和志愿团已经在会议室开了两个小时的调度会，每位志愿者向领航汇报培羽生最近的情况，在送走辛苦的志愿团老师后，领航又继续为培羽生开会，探讨感恩和责任的话题，一片苦心感动并激励着培羽生。

都说优秀的老师才能带出优秀的学生，但每个二中人感受最深的就是只有学生是成功的，老师才是优秀的，我们都在为尊严而战。在这支优秀的教师队伍前面必然有一位有情怀、有温度的好领航。

■ （同行志愿者：杨保方）

姓名	范文燕
性别	女
成为志愿者时间	2007年10月
志愿者编号	0010010
志愿者背景	石家庄日报社记者

志愿者服务语录

假如爱有天意
我愿以志愿者身份
传递这份温暖

见证成长 见证爱

石家庄日报社
范文燕

"当天边那颗星出现，你可知我又开始想念……"

当一段情缘开始时，人们往往并不自知。2007年与共同行动结缘时，没想到一句略带戏谑的"我也来当个志愿者吧"，竟为我打开了一扇通往爱与感动的大门。从此，编号0010010的普通志愿者成为我独有的身份，我与共同行动这个以帮扶农村中学生健康成长为宗旨的公益组织，一起走过了12年。回首志愿服务过程，有辛苦和汗水，更有收获和喜悦，至今容颜虽改却初心未变，往事历历，感动依旧。

晶莹的"苹果树"

2014年3月16日上午10点，石家庄广安大街一座写字楼的小型会议室里，一场特殊的见面会——"共同行动心连心"活动正在进行，我是会议的主持人。会场里坐着瘦弱的沧州吴桥县农村女生刘月及吴桥县教育局梁兰新、吴桥中学校长韩玉谦和副校长范红旗、爱心企业家董志生先生及魏山峰、赵鹏、赵岩峰等专门从其他帮扶点赶来的志愿者老师及应援刘月的大学生志愿者近百人。大家在现场为刘月捐款、祈福，大学生们更是亲手为刘月写下祝福和鼓励的爱心卡片，纷纷上前给小姑娘爱的拥抱。

原来台下怯生生的高二女生小刘月有着令人同情的身世。刘月家在吴桥县一个小村子，父母跑运输，家里还有一个上小学的弟弟，原本是一个殷实幸福的家庭。不料2014年春节刚过，刘月的父母在一次拉货途中遭遇车祸，父亲当场身亡，母亲瘫痪，小小年纪的刘月和弟弟一下子成为无依无靠的孩子，面临失学的困境。因为了解到自己就读的吴桥中学是共同行动帮

Witness growth and love

扶点，有慈善资助项目，渴望读书的刘月给韩玉谦校长写了一封信，说明情况并希望得到爱心人士的帮助，韩校长通过共同行动秘书处向爱心人士转达了刘月的心愿。共同行动发起人得知情况后，马上表示要给小刘月资助，绝不能让这个积极上进的女孩子失学！于是才有了这场"共同行动心连心"现场爱心活动，面对众多素昧平生的爱心人士的善举，坚强的刘月流下了感动的泪水，表示一定不辜负爱心人士的期望，努力学习，长大有能力时也要成为帮助别人的人。

2016年12月10日下午4点，石家庄铁路职业学校5楼阶梯教室，共同行动志愿者2016年度工作会议正在热烈进行中，我的身份仍然是会议主持人，吴桥中学韩玉谦校长以领航志愿者身份率领006志愿团参会。当我按照议程请吴桥中学志愿者发言时，韩校长从会场后面带着一个女生走到台上，似曾相识的清秀女生手里捧着一个挂满果实、晶莹剔透的水晶工艺摆件。这是怎么回事？在满屋与会者的诧异中台上的女孩落落大方地开口："我是共同行动资助过的孩子刘月，现在上大学二年级。今天刚从学校坐火车赶到石家庄，就是想告诉曾经帮助我度过高中最艰苦岁月的共同行动爱心人士和志愿者老师们：我已经考上大学，感谢你们给我的无私帮助，我也成为一名志愿者了。这棵'苹果树'就像共同行动之树，志愿者老师们就像树干，我们这些受帮扶的孩子就像这些果子！"

婚礼上，新郎哭了

2018年3月的一天，衡水一家普通饭店里座无虚席，一场婚礼即将开始，新郎杜凤晨毕业于河北师范大学，是北京一个知名IT企业的工程师，中学就读于027衡水中学帮扶点，是共同行动资助的培羽生，现已成为志愿者和多次出资资助共同行动培羽生的爱心人士。早在婚礼前一个多月，凤晨就给共同行动秘书处打来电话，告诉老师们要结婚，并诚恳邀请大家参加自己的婚礼。当天一大早，我陪同共同行动发起人魏先生作为共同行动助学基金会的代表，驱车100多千米赶往衡水参加凤晨的婚礼。

我们精心为婚礼准备了贺礼：两套共同行动帮扶物品，包括床单、被罩、水杯、脸盆、毛巾、枕巾、拖鞋、牙刷、牙膏、香皂！当杜凤晨见到远道而来的魏先生和我时，高兴地咧嘴，笑得像个小孩子。婚礼上魏先生和我很荣幸地被邀请上台讲话，当我代表共同行动祝贺杜凤晨新婚，述说当年他成为共同行动培羽生并努力向上获得成功的过程时，新郎的眼睛湿润了，而当我们把带来的独一无二的结婚贺礼送给一对新人时，新郎杜凤晨再也不能控制自己的情绪，在台上感动得泪流满面，他说这是自己婚礼上收到的最珍贵的礼物！

回顾12年来，能以一名志愿者身份见证这些努力进步的农村孩子们的成长，亲自为他们青春的时光加油，何其荣幸。感谢一路上有你们，亲爱的志愿者们！

■ （同行志愿者：范文燕）

姓名	梁兰新
性别	女
成为志愿者时间	2008 年 8 月
志愿者编号	0010322
志愿者背景	吴桥县教育体育局
志愿者服务语录	

与爱同行，志愿服务，做一个善良的人！

我身边的志愿者群体故事

社会志愿者
吴桥县教育体育局
梁兰新

作为一位"老"志愿者，可以说我见证了共同行动成长的全过程，我也看到一个又一个爱心志愿者从懵懂地开始工作到如今得心应手，在他们身上，我看到了"真善美"的光芒，并常常被他们的故事感动着……

006志愿团（吴桥中学）领航志愿者韩玉谦

韩玉谦，006吴桥中学的领航志愿者，圆鼓鼓的大肚子里藏着那么多的幽默与智慧，他用自己独特的教育方式，利用开大会、家访、座谈、跑步、吃饭、偶遇等一切可以利用的机会与孩子们交流。在孩子们眼里他是可亲可敬的"韩大大"，从心里喜欢他，爱他。每年的中秋赏月晚会上，"韩大大"除了给培羽生们讲做人做事的道理外，还一定会为孩子们即兴表演唱歌、朗诵等节目，并自费为孩子们购买礼物。记得，那年我参加006吴桥中学帮扶点的中秋晚会，只见"韩大大"抱来了好几摞笔记本，原来这是他利用外出学习培训的机会为孩子们精挑细选的礼物，最令人感动的是他根据孩子们的特点，亲笔写下了各具特色的寄语，60多个孩子，60多个本子，60多条不一样的寄语，这看似不大的一件事，彰显了他对共同行动的关注之心，彰显了他对培羽生的关爱之情。有这样用心去爱孩子的领航志愿者，我们共同行动的孩子们能不快乐成长？我们的共同行动能不越来越壮大？

006志愿团（吴桥中学）专职志愿者徐双

徐双，006吴桥中学帮扶点的专职志愿者，一位温柔至极的两孩儿妈妈。因工作原因我和她接触交流颇多，亲眼见她在每次中秋晚会、每次培训活动中忙前忙后的身影，小到纸张的准备，大到会场的布置，事无巨细，她都亲力亲为。无论是平时资料的上报，还是帮扶金的发放，她从没有因个人原因耽误过一次。作为专职志愿者，她是和所有培羽生接触最多的人之一，采访她时，她和我说得最多的就是孩子们给予她的信任和爱让她感动，比如，校园里孩子们见到她会跑过来向她问好、抱抱她，考上大学会第一时间打电话告知她，离开校园时会送她一盆鲜花、送她亲手制作的小礼物。

这些"感动"的背后藏着的是她平时对培羽生无微不至的关爱。就拿去年夏天她带培羽生参加夏令营来说吧，她把大妞和年仅一岁多的二妞交给母亲照管，只身

Stories of volunteers around me

带领20多名培羽生参加活动。培羽生宋玉莹活动中突然发烧,她自费带女孩到门诊打针吃药。病情稳定后,孩子继续参加活动,她这颗心才放下来。谁知夜里女孩又烧起来,她没有慌乱,让孩子吃下药后,利用在家照顾自家孩子的方法,用温水给女孩擦拭太阳穴、前心、后背、肘窝、膝窝、手心、脚心等穴位进行物理降温。在她的细心照料下,女孩安然入睡,病情再也没有反复。这一件件小事,可以折射出徐双以及像徐双一样默默奉献的志愿者的博爱之心。

007志愿团(何庄中学)专职志愿者王福义

王福义,吴桥县最偏远的中学——007何庄中学帮扶点的专职志愿者,一位土生土长的乡村男教师。他身上的担子比普通教师都要沉重,因为他的父母妻儿都在农村,除了繁重的教学任务外,他还有二十多亩地需要兼顾。节假日是他最忙碌的日子,平时工作耽误的农活,需要这个时候补上。了解他的家庭情况后,我曾试探着说过:"不行就把共同行动这份工作分给别人干吧。"他说:"我爱这份工作!"因为爱,他才能收获家访时家长和孩子冒雪在村头迎接他的感动,他才能收获毕业生每次返乡时必去探望他的情谊。

今年夏令营开营时,007志愿团(何庄中学)的老师因怀孕、家有病人等原因均不能带队,他不忍心让这群培羽生错失成长的机会,可自家玉米地又在抗旱补苗的紧要关头,浇地排队的时间正好是那几天,如果错过了,有块地有可能会绝收。在这种情况下,他权衡一下利弊,决定放弃那块地,亲自带队参加夏令营活动。还好,老天眷顾爱心人,7月5日下了一场透雨,7月6日他下地补种了一天玉米,7月7日一早他就带着满身的疲惫与责任感领着21名培羽生辗转来到县城,而后顺利踏上了赶往省会的火车。在王福义身上,可以看到我们志愿者们舍小家顾大家、舍小利顾大义的宽广胸怀,我为是他们中的一员而自豪!

我身边的志愿者还有孙立功、范红旗、田霖、赵双、杨金玲、范瑶、侯淑华、于倩文……在他们身上也发生了许许多多令人感动的故事,由于篇幅所限,今天就不一一叙述了。有人说,志愿者的工作是"送人玫瑰,手有余香"的工作,是的,一点不错,在他们(当然也包括我)身上,可以深刻地体会到志愿者们在无私奉献和传递爱心的同时,也收获了一份独属自己的感动与信念!这份来自人间大爱的"真善美"的光芒必将引领一大批的孩子们带着"爱"走向生命的辉煌!

■ (同行志愿者:梁兰新)

档案 2012-09

姓名	董志生
性别	男
成为志愿者时间	2012年9月
志愿者编号	0010658
志愿者背景	朗祺·步步高食品有限公司 董事长

志愿者服务语录

一句温馨的话语，一个会心的微笑，一杯温水的关照……都是爱。爱很简单，传递爱，让爱洒满人间。

步步高 董志生
2019.11.10.

Chapter of love

爱的篇章

社会志愿者
朗祺·步步高食品有限公司
董志生

    我是朗祺·步步高企业董事长董志生，也是共同行动忠实的志愿者。自加入共同行动以来，我会定期去学校看望学生，关心他们的学习及生活。中秋节时，与共同行动一起为所有培羽生准备步步高的月饼，分享节日的喜悦与快乐。通过长期的关心与帮助，这些由于家庭贫困而或多或少感到自卑的孩子逐渐变得自信起来。此外，稳定的资助也使得这些家庭并不富裕的孩子能够更好地专注于学业。

    如今，社会上越来越多的人开始关注贫困学生的教育问题，这些年来学校的硬件设施、师资力量等方面都有了一定程度的提升，但是亲自走进学校内部，我发现农村的中学仍然和一线二线城市的中学存在一定的差距。此外，大部分农村的学生由于家境并不富裕，并不能同大城市的孩子一样做到心无旁骛地学习，甚至有的孩子小小年纪就承担起家庭的重担。这也意味着要真正地实现教育面前人人平等，作为共同行动志愿者，我们仍然任重而道远。或许我们并不能一下子改变整个社会的现状，或许我们的资助金额对于异常贫困的家庭来说并不足以解决所有问题，但是我相信，通过不遗余力地奉献爱心，一定会有越来越多的人通过种种方式帮助他人，这个世界一定会变得更加温暖而美好。

    目前，我一共资助了五名学生，他们有的学习成绩有了明显的提高，有的通过不懈的努力走出了农村，考上了理想的高校。我在为他们感到骄傲的同时，也从中

感受到帮助学生、奉献社会的重要性：或许我们一个小小的善举，就能改变一个孩子的命运。

如今我已经年近七十，和孩子们在一起的时光很快乐。他们是祖国的未来，能够有机会参与他们的成长，我感慨颇深。每次见面，孩子们都会怀揣一颗感恩的心向我们表示感谢，并表示自己一定会好好努力不辜负我们的期望。每当此时，我都感觉自己心里暖暖的。我相信将来这些孩子长大，步入社会，他们也会不遗余力地向需要帮助之人伸出援手，充分发扬这种我为人人、人人为我的精神。我想这也可以算一种爱的传递吧。

回想起来，当时去看望孩子们的画面仍然历历在目。我至今无法忘怀他们真诚的眼神及灿烂的笑容。每一个孩子都是祖国的希望。这些相对贫困的孩子无法选择自己的出身，但是他们一样可以拥有自己的梦想。通过给予这些孩子精神与物质上的支持，我希望能够帮助他们在追梦的路上少一些坎坷、多一些力量！

作为一名企业家，我有责任为社会贡献一分力量。感谢共同行动提供了这样一个宝贵的平台，让爱能够不断传递。从今往后，我会更好地用自己的实际行动回馈社会，继续与共同行动一起，助力农村中学生健康成长。

有爱就有阳光，有爱就能实现心中的梦想。让我们携手并肩，继续关注未来的希望，继续谱写爱的乐章。

■ （同行志愿者：董志生）

姓名	马立峰
性别	男
成为志愿者时间	2017 年 7 月
志愿者编号	0010659
志愿者背景	国防大学联合作战学院 教授

志愿者服务语录

尝试一件看得见受益者的助学善举，期待众多无法估量的人生改变。

乐在其中，善莫大焉！

马立峰

2019.10.12

缘·援·圆·愿

社会志愿者
国防大学联合作战学院
马立峰

结缘

与共同行动基金会的相识十分偶然。这一切皆源于与共同行动基金会秘书处郭玉玲老师的巧遇。由于业余爱好广泛，我活跃在省会不同的兴趣圈中。因为对扑克游戏十分钟爱，我时常组织省会的牌友比赛、讲座、交流。郭老师是女牌手中的佼佼者，常在比赛中名列前茅，一来二去我们有了更多接触的机会。郭老师向我详细介绍了她供职的共同行动基金会。其实，对于这类基金会的宗旨、意义、作用、影响、运行模式等，本人并不陌生。早在30年前，依靠工资生活、经济收入并不高的我，就坚持为希望工程持续捐款。这事说来也很自然。本人为大学教授，妻子是中学老师，家母任学校医生，对学生的关注、关爱、关心深入头脑、根深蒂固。

由此初识了共同行动基金会。

支援

几年来与共同行动的接触，都是通过为基金会大型活动担任摄影师而实现的。2017年7月，首届两期共同行动夏令营；2017年12月，在河北艺术中心举办的芭蕾舞《天鹅湖》慈善之夜；2018年1月，年度工作会暨志愿者表彰大会……活动前，检查器材、充电、清理存储卡；活动中，背着沉重的设备快速奔跑、更换镜头、捕捉稍纵即逝的瞬间；活动后，筛选照片、刻盘、上传、保养器材……虽然没有一分钱的报酬，但始终如一地用昂贵的设备认真拍摄、精心构图。我不仅自己身体力行志愿服务，而且带动身边人加入这个行列。刚刚退休、赋闲在家的杨会芹，课业繁重、正在河北传媒大学读书的刘春燕，档期排满的专业摄影师李秋彦，在机关工作、忙里偷闲奉献爱心的陶炼。这些人有的是因为集邮相识，有的是因为打牌相识，有的是因为摄影相知，最后都因为共同行动而走在了一起，走到了服务基金会、弘扬正能量、传播主旋律的阳光大道上。

梦圆

2019年6月底，基金会志愿者老师联系我，问我能否出任2019年共同行动夏令营素质教育分享嘉宾。我在大学工作，当时正值学期末，考试、答辩、评价、毕业，阶段性工作十分繁忙。因为有幸长期担任国防与军事教育研究所所长，对学生军训、国防教育十分熟悉。尽管工作繁忙，我还是义不容辞地接受了邀请，实现为学生们义务上课的夙愿。

毕竟面对的是中学生，毕竟是数百人的大课，毕竟课时有限，为了上好这一课，从选题到结构，从教案到幻灯片，从概念到实例，从材料搜集到语言组织，无不细致入微、精心至极。

讲课的结果证明：有耕耘就有收获，有付出就有回报。通过90分钟的交流互动，这场《知军·爱国·追梦》的报告，让充满探索欲的学生不仅了解了军营，更激发了这些从未走出过本县的孩子们对美好生活的向往、对国家安全的忧思、对责任担当的重视、

Fate·Assitance·
Interpret·Wish

对奋斗拼搏的理解。

第一次面对面地聆听大学教授的讲座，第一次近距离地感受大校军官的气场，当我为答对问题的同学赠送签名本拙作《新编士兵常用手册》时，同学们彻底沸腾了。我知道，国防希望的种子已经植入他们的内心，不懈追求的信念已经在他们脑中升华。

特别令我欣慰的是，当我讲到"当年16岁的我通过全国统一高考，携笔从戎走进军校大门，到今天已经为共和国服役40周年"时，全场掌声雷动，经久不息。这既是对我人生无怨无悔选择的赞许，也是对千千万万保家卫国无私奉献军人的肯定。

心愿

为共同行动基金会服务，我是自觉、自愿的。正因为看到了太多社会爱心人士的高风亮节、爱心善举，我也尽自己所能，默默无闻尽一些微薄之力。

心愿一：希望更多的人能够资助基金会更加丰裕的资金。几年来的亲身经历，使我认识了这些干事业、有责任的基金管理者。毫无疑问，这些善款都会用在最需要的地方和最需要的人身上。

心愿二：希望更多受到基金会资助的中学生，步入大学校门、走上工作岗位后，不忘反哺社会、报恩组织；掌握一技之长、有时间和有精力的人，为共同行动助学基金会多做一些志愿服务工作。

心愿三：希望基金会为更多的资助对象组织更多的活动，资助他们完成基本学业，引领他们考察研学、规划人生、报效社会。

■ （同行志愿者：马立峰）

档案 2018-08

姓名	陈文华
性别	男
成为志愿者时间	2018 年 8 月
志愿者编号	0010660
志愿者背景	河北美德邻房地产经纪有限公司 总经理

志愿者服务语录

我很珍惜共同行动带给我的美好，让我可以静下来修身，伍起来养德。

2019.12

Make friends through literature, be neighbor of saints.

以文常会友
唯德自成邻

社会志愿者
河北美德邻房地产经纪有限公司
陈文华

初识共同行动是受好友刘兵迎老师之邀参加"仁风之美，扇行天下"公益扇面邀请展，在面对面沟通"仁风"和"善"的创意构思时，感觉他对待公益像对待商事业务一样自信和认真。这次谈话，让我了解到魏先生和他们发起的共同行动助学基金会，以及"大人物"们在用工匠精神做公益的故事，为其人格魅力所折服。

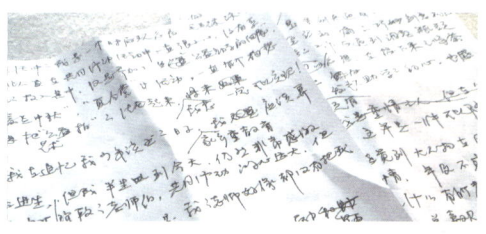

年及不惑，对人生要做点什么有所考虑，这次听了共同行动的故事，一如既往地想做点什么，就这样很自然地加入了共同行动。在以后的时间里，很有幸参与了"扇面展""爱在中秋"和夏令营的活动，虽做到有需必应，但干的工作不足挂齿，不过毕竟为自己增加了许多充实的谈资。

记忆中，读书时，我算是后进生，但幸运的是各阶段的老师都"故意"没把我当差生对待，对我来说正是这一点点鼓励产生了很大的力量。今天，我仍然十分感恩每位教我的老师。所以，共同行动所做的不仅仅是对于农村学生衣食上的关心帮助，其意义也并非纸面的赞美之词。共同行动实现着由社会到学生再到社会这种强大的精神互通，这种互通可以产生无限大的作用力，像鸿雁计划，使精神不断再生。

进入新时代，对物质温饱的追求转向对美好的需求。我相信，共同行动在魏先生的带领下，会有更坚定、更长远的发展，作为一名志愿者，很荣幸能在共同行动之中，继续向社会中每一个积极向上的人学习，共心同行。

■ （同行志愿者：陈文华）

档案 2017-10

姓名	王向勇
性别	男
成为志愿者时间	2017 年 10 月
志愿者编号	0010594
志愿者背景	社会志愿者

志愿者服务语录

在共同行动·相信爱、坚持爱、奉献爱、享受爱。

王向勇

Jujube bun

枣卷子

社会志愿者
王向勇

作为共同行动的一名志愿者，在帮扶农村中学生的过程中，我有很多难忘的记忆，最感人至深的是一包枣卷子。

那是2018年在参加一个志愿团的"卓异奖"颁奖活动时，领航志愿者邀请了获奖女孩的母亲。只见她衣着朴素，略显紧张地走到主席台下，踟蹰了一下，没走上台，而是立在了台边，先向着主席台诸位鞠了一个不太标准的躬，然后转过身，朝观众席也鞠了个躬。她右手拽着自己衣角的下摆，左手不熟练地拿着麦克风，连声说："谢谢学校；谢谢老师；谢谢帮助我孩子的好人。"

活动结束后，我和这位妈妈并排走着，问她家里有几个孩子，学习情况如何。这位母亲的回答很简单："家里有两个孩子，小的那个刚刚上初中。家里的经济拮据，我告诉两个孩子：虽然家里情况不好，只要你们努力，你们就不用为学费担心，我会努力供你们上学。"在参观"共同行动之家"时，领航志愿者指着放在一张课桌上的一个包袱说："这是孩子妈妈连夜蒸的枣卷子，要送给共同行动的老师们。"我定睛看去，那个包袱皮是我小时候婶子们用的那种棉头巾，酱红色的方格花，周边有流苏，这礼物是那么真挚和质朴。

我带着十个枣卷子回到石家庄的家时已经很晚了，就随手将枣卷子放到了厨房灶台边。不曾想，过了一会儿，我看见两岁半的小儿子正踮着脚，举着小手，抠放在灶台上的枣卷子，把手指放进自己的小嘴吮吸。我急忙叫停他："不要吃凉的，不要吃手。"他用稚嫩的童音说："爸爸，甜！"我走过去，拿起一个枣卷子掰开的瞬间我被眼前的枣卷子感动了：枣卷子断面密实，放满了蜜枣！可见这个妈妈真的是连夜赶制，六十个枣卷子！枣卷子里的每一枚枣，都是拔丝的蜜枣。这对于普通人家不算什么，但是这位贫困的母亲用拔丝蜜枣，是要表达对支持她孩子挑战困难不断进步的共同行动最真挚之感谢！那一瞬间我真真切切地体会到共同行动使命中的"让参与者，在助力农村中学生成长中尽享获得感、幸福感"。

致敬每一位共同行动的参与者。

致敬所有不平凡的普通人。

■ （同行志愿者：王向勇）

档案 2018-04

姓名	赵志云
性别	女
成为志愿者时间	2018年4月
志愿者编号	0010586
志愿者背景	其子赵俊俊为共同行动帮扶的培羽生

志愿者服务语录

> 倡取温暖爱随缘逝，向日葵花笑而存。施爱别人就是快乐自己。
>
> 赵志云

Meet Lan Xin, meet Joint Action.

遇见兰馨
遇见共同行动

社会志愿者
赵志云

我是006吴桥中学帮扶点受助学生赵俊俊的母亲，赵俊俊在2008年到2011年接受过共同行动的爱心帮助，在此向默默奉献的志愿者表示衷心的感谢！也希望和大家聊聊我们和共同行动的美丽情缘。

我在一周岁多的时候出了一次车祸，肇事者逃逸，我被撞成股骨颈骨折。多年以后，因为这块受伤的骨头，我患上了严重的股骨头坏死，到处寻医问药，花光了积蓄，还欠了很多外债，病情却未见明显好转。屋漏偏逢连阴雨，儿子读初三那年，我丈夫在地里干农活时从满载玉米秸的农用三轮车上摔到河沟里，造成三截脊椎压缩性骨折，医生说他出院后再也不能干重体力活了，一个农民失去了力气就等于失去了谋生能力，从此我的家处于半瘫痪状态……2008年6月儿子中考，孩子也算争气，考上了县城重点高中，可是三年高中所需的学杂费、生活费对我这个家庭来说是一笔不小的开支，都说砸锅卖铁也要供孩子读书，可是我哪有锅可砸啊，懂事的儿子说他也要放弃学业出去打工。正当我为儿子上学的事一筹莫展的时候，一个温柔甜美而又陌生的声音从电话中传来："你好，娟姐，我是县教育局的兰馨，也是共同行动的志愿者，共同行动在吴桥中学设立了帮扶点，这是可以帮助贫困学生完成学业的共同行动爱心组织，你把你儿子的身份信息和你家的贫困情况写份材料发给我，我帮你联系学校里的这个组织请学校给申请一下。"那一天我知道了共同行动，知道了兰馨是志愿者。可是放下电话后我是一头雾水，感动、兴奋而又疑惑，感动的是我和兰馨只是在网上聊过，现实生活中我们素昧平生，她却如此热情尽力地帮我，儿子上学的事有希望了，兴奋的是第一次听到了兰馨的声音，疑惑的是兰馨怎么知道我家的情况呢。

后来才知道在2008年5月14日那次我没参加的失散二十年而又意外重逢的文友聚会上，我的一个知情闺密文友一时冲动把我困窘的境遇告诉了大家，说者无意听者有心，文友们当即制定了帮助我的方案，这次聚会兰馨也在座，虽然她是我未曾见过面的新文友，但却主动担负起帮我儿子完成学业的主要责任。

2008年8月27日儿子开学前夕，兰

馨和老文友们一起冒着酷热送来为儿子捐助的学费，儿子顺利地走进了吴桥中学的大门，因为我的贫困情况特殊，共同行动组织决定特事特办，破例高一就给予了救助，所以我儿子入学不久每月都能得到共同行动的帮扶款和不定期的帮扶物品。得到了共同行动爱心组织的帮助，我和儿子都心存感激，总想找到恩人表示感谢，多次询问兰馨，可是兰馨说共同行动的爱心捐款人不愿透露姓名，于是找到恩人的心愿就搁浅了。高中三年的时光里，儿子因为有了共同行动志愿者的关爱不断进步。三年来兰馨经常打电话询问儿子的学习情况并鼓励他努力学习，她对儿子说："有什么困难尽管说，兰馨阿姨会一直默默关注你的。"冬天遇到降温，她怕我儿子没带厚衣服就拿自己儿子的衣服送过去，三年来我儿子穿的衣服除了校服，大多都是兰馨给的。这样点点滴滴滴的关爱兰馨为我儿子做了很多……

儿子高考结束后，兰馨第一时间打来电话询问考试结果，并告知一些报志愿应注意的事。儿子上大学兰馨又和老文友们捐助了学费。

去年春节前夕，儿子读完研究生参加工作后回家过年时对我说要去看看兰馨姨，当面向她说声感谢，感谢兰馨姨这些年给予的帮助，并希望兰馨姨能帮忙找到共同行动组织里曾经给予帮助的恩人，他还说他会在适当的时机用适当的方式尽自己的力量把共同行动这份爱传播下去。望着长大的儿子我心里颇感欣慰。于是我和儿子一起去县城找到了兰馨。我指着儿子对兰馨说："你看看你当年用爱心浇灌过的这棵小树成材了，我们特来向你表示感谢，另外儿子还想请你帮忙找到当年共同行动组织里帮助过我们的那个恩人。"兰馨高兴地望着我儿子说："都成大小伙子啦，不用感谢我，其实我也没做什么，只要你能尽力将共同行动这份爱传播下去就是对我最大的感谢啦，正好现在共同行动组织允许帮扶人和被助者联系了。"兰馨说着从手机里找出了共同行动里帮助过儿子的恩人的电话号码。寻找恩人的心愿有十年了，终于有了恩人的联系方式，我和儿子都很高兴，心里想着有机会要去找到这个恩人当面向他说声感谢……

从2008到2019，十一年来，因为遇见了兰馨，遇见了共同行动，有了志愿者们无私的爱与奉献，才让我这个每天被病痛折磨的人能把日子过成诗……

■（同行志愿者：赵志云）

姓名	蔺伟利
性别	女
成为志愿者时间	2018 年 7 月
志愿者编号	0010368
志愿者背景	河北省共同行动助学基金会秘书处工作人员

志愿者服务语录

大家一起做公益，邂逅；
携手一同共行动，美好。
倾注爱心，方能收获温馨。

蔺伟利
2019年11月

助人即助己

Helping others is helping ourself

河北省共同行动助学基金会秘书处
蔺伟利

　　这张照片是共同行动2018年夏令营开营仪式上我拍到的。这位营员，将领到的营服叠得整整齐齐如豆腐块，两只手在不停地摩挲，不断抚平并感受着它的质感和温度，那种喜爱和敬畏从心底而生，让我感动……

　　这张照片是共同行动2018年夏令营课间活动中我拍到的。这位穿橘色营服的小营员是一位爱心人士的孩子，他捐助了其他孩子而为自己孩子争取到参加夏令营的机会。因为孩子小，家长不放心，会时不时地微信与我沟通，想看到孩子在夏令营中的状态和表现，我去营地看望孩子们和参加工作讨论的间隙，会拍几张孩子在课堂上听课和在操场上活动的身影，发给她的父亲——我们的爱心人士，让家长放心。稚嫩的孩子，从小就从父母帮助他人的行为中得到熏陶，相信随着她慢慢长大，回味这段与需要帮助的孩子们共度的时光，一定是甜蜜的、美好的……

  这张照片是共同行动 2018 年夏令营期间我拍到的。她叫甄如月，曾是共同行动 2015 年 9 月至 2017 年 5 月资助的 016 饶阳中学的一名培羽生（培羽生编号 0160357），毕业后考入河北地质大学华信学院，并于 2017 年 9 月注册成为共同行动志愿者，完成鸿雁回归，进行爱心的传递，曾在共同行动 2017 年外教夏令营和共同行动 2018 年夏令营连续驻营服务两年，她从青涩到成长，从稚气到成熟，从初始的不熟练到驾轻就熟，那种不断超越和认真的状态，从眉宇间透露出一种大美……

  这张照片是共同行动 2018 年夏令营营员报到服务中，别人帮我拍的。太喜欢这张照片了，因为它是我加入共同行动的开始和见证。

  我是 2018 年 7 月加入共同行动的，加入共同行动第二天就参加了 2018 年第一期夏令营的报到服务接待工作，它体现了我作为 0010368 号志愿者——秘书处一名普通工作人员的精神面貌，比较青春，比较有光彩，脸上洋溢的笑容反映出我的心声——透露着一种对公益发自内心的热爱。

  个性使然，每做一件事，我都愿意做到尽善尽美，尽量不存瑕疵，不留遗憾。照片的选择也是如此，我愿意通过它向大家展示好的形象，传达志愿者的一种精气神。

我们知道，一个文件，可以编辑、修改，甚至删除。但经历，过去了就会成为一段影像、一段历史，不可复制，更不可更改。

现在回想，参加共同行动已近一年，工作中的点点滴滴，许许多多的镜头就浮现在眼前。我们每一位志愿者就像每一段故事影集中的主角，在光影中穿梭。记得加入共同行动之前，我认为基金会不过是收钱、发钱，做的是没有技术含量的简单工作。经过一段时间的体验后，感觉与之前的想法千差万别。精准的要求，缜密的逻辑，分阶段的提升，一步步制度的完善，一个个项目的突破，一次次创新的推进，一番番会议的碰撞，无不让人在紧迫中增加一种敬畏，在鞭策中勇于前行，有成就感，有自豪感，还有荣耀感。

共同行动助学基金会秘书处，不多的几位老师，真的是各有所长、各有特色。都不是夸夸其谈者，做起事情来都是井井有条的实干家，大家都是怀着一颗爱心在默默地为广大的培羽生提供幕后服务。正因为欣赏大家的这种互相协作，我愿意与大家为伍，去做自己喜爱的帮助他人的事情。在日常工作中，我们享受付出后的欣慰；在"共同行动夏令营""爱在中秋"等活动中，我们沉醉于参与其中的温馨、陪伴中的快乐、予以慰藉后的感动；在赴帮扶点的工作中，我们痴迷于和志愿团的探讨，分享助人助学的成果……不敢说我们做公益的人有多圣洁、有多伟大，或者多有情怀，最起码对公益、对共同行动我们是专注的、热爱的。

时光不能倒流，岁月不能停留，我们需要把握现在，奉献爱心，留住美好，成人达己。

愿孩子们的天空一片蔚蓝，

愿孩子们的世界五彩斑斓，

愿孩子们的前途广阔无边。

■（同行志愿者：蔺伟利）

姓名	张慧霞
性别	女
成为志愿者时间	2018 年 1 月
志愿者编号	0010999
志愿者背景	河北省共同行动助学基金会秘书处工作人员

志愿者服务语录

坚守着这份温馨的爱，
让心与心相连，
让爱与爱传递。

张慧霞

我被青春撞了腰

Hit by the youth

河北省共同行动助学基金会秘书处
张慧霞

我和大家一样都有一个共同的称呼——共同行动志愿者，我的志愿者编号是0010999。在共同行动大家庭我结识了许多大学生志愿者，和他们相处有一种感觉——"我被青春撞了腰"，从他们身上看到了什么是青春，什么叫活力。这些志愿者有一部分曾是共同行动的培羽生，他们怀着感恩的心以另一种身份——志愿者，又回到了共同行动的大家庭，用自己的业余时间来秘书处做志愿以实现当初的承诺。从2018年1月10日我加入共同行动到2019年8月1日，总共566天，我与孩子们相处，用心、用照片、用视频记载着我和他们的点点滴滴……

2018年4月第一次组织志愿者们发放帮扶物品，当时我和他们一样怀着一颗好奇的心带着他们坐上了公交车。帮扶物品的存放地与秘书处的工作地相距7.3公里，他们在车上谈论着高中时期接收到的那些帮扶物品，这次自己也要亲自给学弟学妹们邮寄分发，格外期待……进入库房，我把各个帮扶点申请的物资表分发给志愿者，两人或者三人一组协调合作，按照表内的数量、类别，逐一归类、点数、分装、组合、打包、贴标签、填写邮寄地址，井然有序。这些工作看似简单其实非常辛苦，七八个志愿者大半天打包了38个，装箱26个，没有一个说累的，没有一个放弃的，他们心中有爱，坚守着自己承诺的底线。每次看到这些照片，看到志愿者们笑容里略带疲惫的神情，心里都有一种感动……

2018年夏令营的温度与感动——

在这个炎热的夏季，天气有多热，驻营志愿者们的热情就有多高。你是否能察觉到他们的细心和付出，就是从这一点一滴的温度中慢慢积累的。其实做志愿者最重要是有那一份心，而且要真诚，如果是敷衍了事，也不会感到其中的快乐。我在整个营地生活的每一天都被一些东西感动着。每天早晨5:50驻营志愿者要比营员们提前10分钟甚至更早起床，整理内务，吹哨叫醒其他营员，营员离开宿舍后，开始一间一间地检查宿舍卫生：床铺、地面、衣柜及行李箱、卫生间的镜子、垃圾筐等等，一系列细小烦琐的工作从起床后就开始了……

你会看到一群正在微笑的"小黄人"，微笑是他们娇艳的容颜，真诚是他们瑰丽的色彩，奉献是他们年轻的身姿，爱心是他们迷人的芬芳，他们是一群最可爱的人——大学生志愿者。

■（同行志愿者：张慧霞）

姓名	李凤英
性别	女
成为志愿者时间	2018 年 7 月
志愿者编号	0010866
志愿者背景	社会志愿者

志愿者服务语录

赠人玫瑰，手有余香，
成人达己，温暖四方，
共同行动，收获希望。

李凤英
2019年11月

我也能做志愿者
I am able to be an honorable volunteer too

社会志愿者
李凤英

初识共同行动，是缘于2018年7月看到好友朋友圈的一条志愿者招募信息，于是发消息询问，得知她现在在河北省共同行动助学基金会工作。朋友问我是否愿意做一些志愿服务工作。虽然对志愿者服务内容不甚了解，但基于对朋友的信任与认可，我就毫不犹豫地答应下来。

顶着炎炎烈日赶到共同行动2018年夏令营营地，和来自各大学、各行业的共同行动志愿者们一起接待了来自全省各个县乡帮扶点的几百名培羽生报到，从签到登记、发放营服、安排住宿，到分班考试、入营培训、开营仪式，看着他们刚来时生疏怯懦的眼神以及对新环境充满向往与希冀的表情，感觉一切的劳累与付出都是值得的。

每年的夏令营，每期都是一周时间。共同行动夏令营工作人员为学生们安排了丰富多彩的课程，外教授课、拓展训练、故事分享、舞蹈、体育、绘画、手工、环保与素质教育，与高考状元、明星面对面、近距离接触等等，寓教于乐，开阔了学生的思路与视野。虽然只是短短的7天夏令营生活，但相信在每个学生的心中都会留下深深的记忆，甚至会改变他们的一生。

 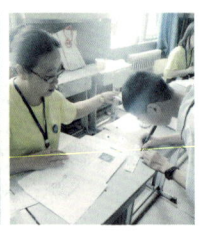

2019年7月7日，共同行动2019年夏令营开营啦，我亦如2018年，又是早早地来到营地，等着各地小营员到来。熟悉的工作流程做起来更顺畅，心情也好起来了，好像自己做了一件很值得骄傲的事情，其实我只是做了力所能及的一件小事而已。感叹和敬佩共同行动的发起人及爱心捐助者们，是他们无私的奉献精神和社会使命感使那么多的想进步能进步的农村中学生走出困境，完成学业，走向更高学府。夏令营驻营志愿者好多都是受助学生，在读大学或大学毕业后又回到共同行动中继续传递爱心去帮助更多的人。社会进步需要一种良性循环与一种奉献精神，共同行动做到了，我愿跟着共同行动一起把爱心传递下去。

■（同行志愿者：李凤英）

姓名	张兰
性别	女
成为志愿者时间	2017 年 12 月
志愿者编号	0010585
志愿者背景	河北省共同行动助学基金会秘书处工作人员

志愿者服务语录

> 用我们一点一滴小爱，
> 汇成一片爱的海洋。
> —— 张兰

公益 靠爱心 生存

河北省共同行动助学基金会秘书处
张兰

"你现在哪个单位工作?"

"在河北省共同行动助学基金会工作,是个民间的公益组织。"

"基金会?公益组织?这个单位具体做什么呢?"

"是专门资助那些需要帮助并且追求进步的农村中学生的。"

"哦,我知道了,是扶贫。这工作不错!干的是好事儿,好事儿。那你们的钱从哪来呀?"

"善款都是从社会各界捐赠来的。另外,我们是民间慈善组织。"

"哦……那……你们是怎么赢利的?"

"我们不赢利。"

"不赢利?那你们靠什么生存?你们为什么要做这些?"

……

2017年12月27日,从我正式成为河北省共同行动助学基金会秘书处的一名工作人员后,每当同学聚会、亲人聚餐,熟悉以及不熟悉的人都会问我类似的问题。

我并不害怕别人问,但令我尴尬的是,每次还没等我解释完,对方已经失去了兴趣,或者又纠结到原来的问题:"你们真的不赢利,那你们这个组织怎么生存下去?"

其实,这很正常。曾经我也和其他人一样,对这个行业懵懵懂懂,心中有一大堆的疑惑。记得我到基金会面试当天,介绍我来基金会的范老师和基金会魏先生在秘书处的会议室里拿出一些资料,非常骄傲地给我介绍了基金会的情况,从基金会是做什么的,资助的是哪些学生,到基金会取得了哪些成果。她毫不卡壳地说了近半个小时,她自豪的神态以及流利而生动的语言,让我感受到她对这份公益事业的执着和热爱。尤其是那句"我们帮扶的孩子都会为自己是共同行动一分子而感到骄傲"最令我印象深刻。

"是真的吗?"我心里有点怀疑。我立刻想起曾经做记者时,我跟一家爱心企业一起到石家庄驼梁景区附近的小学做公益活动,爱心企业给孩子们带了不少礼物,但当孩子们排着队挨个走上台去从爱心人士手里接过物品时,脸上并没有任何喜悦之情,甚至很多孩子在整个过程中低着头。合影时,爱心人士脸上灿烂的笑容和孩子脸上害羞的表情形成鲜明的对比。

Charity live by love

有人会因为接受资助而感到自豪吗？我相信会，但我还是疑惑这到底是怎么做到的。或者正是这份好奇带我走进了共同行动这个公益组织，成为共同行动秘书处的一名工作人员。

"有规矩、懂规矩、守规矩"是我来基金会上班第一天，领导一再强调的工作原则。什么是规矩？纲领、指南。而我今后最重要的一份工作就是"完善规矩"。从"共同帮扶能进步的贫困中学生"到"共同帮扶能进步的农村中学生"，从"受帮扶学生""培羽生"到"共同助力能进步的农村中学生"，看似只是两个字一个词的差别，但是每次修改都是经过几番研究、几番探讨。

使命为大，宗旨次之，几轮使命、宗旨、战略的修改都不简简单单是修改几个字、几个词的问题。使命、宗旨修改完后，相应的指南就需要修改。从目前来看基金会共有七大规则，从如何注册志愿者、如何建立志愿团、设立帮扶点到志愿团如何开展工作，从如何申请帮扶到如何接受帮扶再到如何爱心传递，一个环节扣一个环节，一处修改，就需要全面思考逻辑是否顺畅。而修改完指南后，则需要修改PC端网站和手机版网站上的页面文字。这又将是一个繁杂而细腻的工作。而每次修改的目的都仅仅是希望"培羽生（受助学生）感到被尊重"。

当然，培羽生（受助学生）的自豪感不仅仅是体现在这字里行间和称谓中。"进退升降体制""共同行动夏令营""公益出版""爱在中秋"，每一个爱心活动的策划、组织，都基于让培羽生开阔视野、增长自信，在这些爱心活动中让培羽生越来越深刻感受到共同行动对他们的关爱。而这或许就是他们自豪的来源，因为他们得到的从来不是任何人的施舍而是来自一大群陌生人的关爱。

共同行动将这种关爱做到了每个细节。

所以若问我"基金会靠什么来生存"，我想最好的回答是"靠我们将爱心人士的心愿真正落到了实处，真正维护了孩子们的自尊，让孩子们获得了自信。爱心人士的信任和支持是我们帮扶工作最有力的支撑"。

■（同行志愿者：张兰）

档案
RECORD OF VOLUNTEERS

用我们一点一滴的小爱，成就孩子心中一片片阳光，不忘加入共同行动之初的力量，使爱心温暖我们身边的孩子，让它传递得更久远。

王丽娜

...一名共同行动志愿者，我...
...扬共同行动精神，尽己...
...共同行动基金会和社会爱心人士...
...中学生健康成长，我奉献...

...祝福你们在最好的年华遇到爱，遇到...
希望，我愿意和你们在一起，心中有爱，
眼里有光，未来有梦想。

张昭

"共同行动"是引领我们前进的路标，作为专职志...
我愿做那铺路石，和千千万万颗铺路石一起...
帮助铺就农村中学健康成长之路。

016 饶阳中学志...
姓名：苑潇...

给比拿快乐，能够尽自己的努力...
那些想进步、能进步并且愿意将爱心传...
的孩子们，我感到非常幸运，也收获了满满的...

助人为乐，并...

...同行动 片片阳光...
...呼唤 使爱心温暖我们身边的孩子，让...
...的平台 得更久远。
...爱的芳香
...爱的温暖
...努力做一个"心中有他人"的青
..."成人达己"的志愿；努力活出自
...感谢遇见，那年花开同已圆。
李阳 2019.10.10

路九涛

...手有余香。很幸运成为一名共...
...愿尽自己微薄之力，努力点燃...
...培育少年健康成长，让爱心传...
...共同行动宽广的大海。我愿是...
谢共同行动的美丽光华。

康曾娥

25下东身也是为人民服务

012 齐玉峰 [愿章印]

引领我们前进的路标，作为
愿做那铺路石，和千千万万颗
还，帮助铺就农村中学生了健康
016饶阳中学志愿团专职志愿者郭曾战
2019年10月6日

己所能，不计报酬，帮助学生...
心。践行志愿精神，秉承服务宗旨...
...应该自己的每个孩子都能有爱...

档案
RECORD OF VOLUNTEERS

用我们一点一滴的小爱，成就孩子心中一片片阳光，不忘加入共同行动之初的力量，使爱心温暖我们身边的孩子，让它传递得更久远。

路九涛

……手有余香。很幸运成为一名共同行动志愿者，我愿尽自己微薄之力，努力点燃……培羽少年健康成长，让爱心传……共同行动宽广的大海。我愿是……谢共同行动的美丽光华。

康智筱

2 市东身 也是为人民服务

012 齐生峰

引领我们前进的路标，作为……愿做那铺路石，和千千万万颗……，帮助铺就农村中学生健康……

016 饶阳中学志愿团专职志愿者郭鲁战
2019年10月6日

己所能，不计报酬，帮助学生……心。践行志愿精神，秉承服务宗旨……

Charity live by love

有人会因为接受资助而感到自豪吗？我相信会，但我还是疑惑这到底是怎么做到的。或者正是这份好奇带我走进了共同行动这个公益组织，成为共同行动秘书处的一名工作人员。

"有规矩、懂规矩、守规矩"是我来基金会上班第一天，领导一再强调的工作原则。什么是规矩？纲领、指南。而我今后最重要的一份工作就是"完善规矩"。从"共同帮扶能进步的贫困中学生"到"共同帮扶能进步的农村中学生"，从"受帮扶学生""培羽生"到"共同助力能进步的农村中学生"，看似只是两个字一个词的差别，但是每次修改都是经过几番研究、几番探讨。

使命为大，宗旨次之，几轮使命、宗旨、战略的修改都不简简单单是修改几个字、几个词的问题。使命、宗旨修改完后，相应的指南就需要修改。从目前来看基金会共有七大规则，从如何注册志愿者、如何建立志愿团、设立帮扶点到志愿团如何开展工作，从如何申请帮扶到如何接受帮扶再到如何爱心传递，一个环节扣一个环节，一处修改，就需要全面思考逻辑是否顺畅。而修改完指南后，则需要修改PC端网站和手机版网站上的页面文字。这又将是一个繁杂而细腻的工作。而每次修改的目的都仅仅是希望"培羽生（受助学生）感到被尊重"。

当然，培羽生（受助学生）的自豪感不仅仅是体现在这字里行间和称谓中。"进退升降体制""共同行动夏令营""公益出版""爱在中秋"，每一个爱心活动的策划、组织，都基于让培羽生开阔视野、增长自信，在这些爱心活动中让培羽生越来越深刻感受到共同行动对他们的关爱。而这或许就是他们自豪的来源，因为他们得到的从来不是任何人的施舍而是来自一大群陌生人的关爱。

共同行动将这种关爱做到了每个细节。

所以若问我"基金会靠什么来生存"，我想最好的回答是"靠我们将爱心人士的心愿真正落到了实处，真正维护了孩子们的自尊，让孩子们获得了自信。爱心人士的信任和支持是我们帮扶工作最有力的支撑"。

■（同行志愿者：张兰）

志愿团志愿者
共同行动志愿团 054–183

Volunteer from the group

档案 2017-09

姓名	王卿
性别	女
成为志愿者时间	2017 年 9 月
志愿者编号	0010148
志愿者背景	002 邱县第一中学在职教师

志愿者服务语录

用爱去感动孩子，让他们自强不息，用心去帮助孩子，让他们燃起生命之火。

王卿

Life forever and love forever

生命恒久 爱心永传

002 志愿团
邱县第一中学
王卿

穷则独善其身,达则兼济天下。2016年12月的一次共同行动年会之行让我感触颇深。一个个共同行动帮扶点志愿者老师的工作汇报,一个个感人至深的爱心帮扶故事,一个个志愿者在生活中对共同行动帮扶生的点点滴滴的关爱事迹,至今仍在我脑海中萦绕。我觉得平凡之中见伟大,即使是一滴水,也会在阳光的照耀下变得璀璨无比,因为它可以折射各种色彩。共同行动爱心大家庭带给我一次心灵的洗礼。

有幸我是一名共同行动的专职志愿者,回首加入共同行动的几年时光,难忘每一次帮扶物品的发放,难忘每一年中秋晚会的筹备,难忘每一次面对共同行动队旗的宣誓,这些都让我深深地感到骄傲和幸福;庆幸我是共同行动的一员,让我有机会加入关爱贫困上进学生的队伍;感恩我是一名专职志愿者,让我能感受到那些虽然身在逆境中但依然努力的孩子们的坚强。在共同行动这个大家庭中,他们不曾因家庭贫困而自卑,不曾因命运不公而抱怨,他们获得关爱,受到鼓舞,也学会了感恩。

无论是受助的学生还是志愿者,我们都在成长,精神不断得到洗涤,充实而快乐。

回首加入共同行动的几年时光,作为共同行动的志愿者虽紧张劳累,但看着孩子们纯真而快乐的笑脸,所有的疲倦都烟消云散了。在关爱的阳光中成长是幸福的,而为他们带来阳光的人更幸福。这个世界因你而变得快乐温暖,那么你的人生就会变得意义非凡!

花开花谢,春去春来,被帮扶人变换着的青春容颜,而我们坚持公益事业的爱心永远不会改变。任时光匆匆,我自爱心永恒,人间有真情,何惧朝风暮雨,启程,启程,明年花开正红。

■ (志愿团志愿者:王卿)

档案 2017-09

姓名	贾天丽
性别	女
成为志愿者时间	2017年9月
志愿者编号	Z002005
志愿者背景	002 邱县第一中学在职教师

志愿者服务语录

把你的脸迎向阳光，那就不会有阴影，
带着阳光温暖感恩的心启程，
学会爱，爱父母，爱自己，爱朋友，爱他人。

贾天丽

Perfect meeting

圆满相遇

002 志愿团
邱县第一中学
贾天丽

认真算起来，今年才是我加入共同行动大家庭的两周年。同那些从一开始就陪伴共同行动的志愿者相比，我的两周年是那么的微小，那么的短暂，那么的柔弱。然而，于我而言，内心深处却早已认定这是与君的久别重逢。

在我长长的记忆中你就一直行走在我要行走的道路上，只是缺少一个恰当的机遇与我相遇相逢。现在细细回想，确实如此。你一直在铺垫并创造着机遇，一个别样的、长久的机遇。也确实是如此，2017年中秋节这个机遇是一个令我可以长长久久印刻在脑海中，铭记于心的机遇。在中秋这个本该享受亲情暖意的日子中，我依旧孤身一人，身处异乡。孤寂无聊并且无处安放自我时，002邱县一中帮扶点专职志愿者任文吉老师打电话说让我参加一个活动，抱着一种好奇和排遣寂寥的心态，我参加了2017年共同行动的"爱在中秋"活动。当我走进活动场地时，不仅看到阶梯教室那一张张座位上摆放着齐全的生活学习用品，更看到那充满节日气息的一盒盒印有共同行动红色字样标志的节日月饼和孩子们一个个充满节日欢乐的笑脸。那一群可爱、充满活力和青春气息的帮扶生和那些志愿者们在忙前忙后时散发的温暖使我沉浸在其中。我没有想到平时总是若有所思、怅然若失的迷茫中的孩子们也会笑得如此开怀，那平日中被紧张工作绷住一根弦的志愿者老师们也会在此刻绽放出那么灿烂的笑。内心告诉我，一定是有一个有情有义有爱有暖有亮的东西提升并激励大家共同向善向美。而接下来的活动恰好印证了我的猜想，也使我认识了共同行动并有一丝融入其中的渴望。这次活动后，我就积极申请加入共同行动这个充满暖意的大家庭。

在中国传统文化中，中秋本来就代表圆，圆圆的月，圆圆的饼，圆圆的人，圆圆的食。凭借这一个"圆"的机遇我有幸加入共同行动，也使我自己圆满了。每一次共同行动的活动不仅仅使我看到一群活力四射、笑面追梦的学生，更给予处于低落中的我一个极大的安慰和温暖，使我坚信总有那么一群人一直在我身边，更有一个我们共同的目标在远方的某处迎接着我，默默地陪伴并且支持着我。

■ （志愿团志愿者：贾天丽）

档案 2016-10

姓名	李阳
性别	女
成为志愿者时间	2016 年 10 月
志愿者编号	0010150
志愿者背景	002 邱县第一中学在职教师

志愿者服务语录

感恩与你相遇，共同行动。
是你让我听到爱的呼唤；
是你让我看到爱的平台；
是你让我闻到爱的芬芳；
是你让我触到爱的温暖。

余生有你，感恩在怀，努力做一个"心中有他人"的普通志愿者；努力活出"成人达己"的态度；努力活出自己欢喜的yang子。感谢遇见，那年花开月正圆。

李阳 2019.10.10.

That year the flower bloomed in the full moon

那年花开月正圆

002 志愿团
邱县第一中学
李阳

筱敏说:"人的伟大,是因着生命里横亘着一条无法逾越的河,此岸是沉沦的现实与彻底的绝望,而彼岸是飞升的理想和触摸未来的强烈热情。"——题记

相遇总是那么美丽。

2016年,听说你,在新教师汇报演出上;2016年,与你初识,在温馨的"欢乐中秋"联欢会上;2016年,与你相知,在一次偶然的聚会上,从此便与你结下"不解之缘"。桐华曾说过:"世上有许多种遇见,最美好的,莫过于在我最美的年华里与你相遇,时光在每一秒的绽放与流动中变得珍贵而隽永。"2016年,刚好遇见你——共同行动。

不知不觉与你走过三个年头,三年来成长太多。

起初应任文吉老师之约加入共同行动,只是想在工作之余做些有意义的事情,坚持"人若行善,福虽未至,祸已远兮"的做事做人原则,做着做着便发现收获了太多太多:惊叹于共同行动,一个民间慈善爱心组织,完全透明化管理,从2007年成立至今已走过12个年头,而且发展势头越来越好;惊叹于共同行动每位志愿者的谦逊有爱、身写大爱,十年如一日,坚持做着"心中有爱,眼中有光"的善事,而他们脱去志愿者的服装后都是专业领域里的佼佼者;惊叹于共同行动十多年来创造的惊天数字: 6000万元的善款, 20000名培羽生,近100个帮扶点。这其中包含多少努力、辛苦和汗水!余生有幸,可以遇见你——共同行动。

共同行动的使命是建立爱心平台,实现爱心传递。让参与者在助力农村中学生成长中尽享获得感、幸福感。秉承物质帮扶与精神慰藉相结合的帮扶战略,尽心尽

力地为孩子们"谋福利",这种善心是由内到外自然散发出来的。在帮孩子们获得幸福感的同时也一点一滴影响着我。三年来无偿志愿服务,可以说共同行动的工作占用了很大一部分时间,但是从来没有觉得这些工作是多余的、是累赘、是负担,而每次忙碌地加班后看到孩子们脸上的笑容,看到工作的成果,心里满满的欣慰,满满的收获感。暗暗告诉自己,如果有精力,一定要坚持做下去。

感动总在细微处,无论是共同行动十二年的始终如一,还是爱心人士的无私奉献;无论是孩子们的励志故事,还是志愿者对孩子们的关怀备至,一点一滴触动着我的心灵,让我的心灵在这三年间受到无数次洗涤。感恩遇见你——共同行动。

共同行动是善心的汇聚,是大爱的比拼。在共同行动的大组织映衬下,相较于爱心人士的伟大付出和志愿者前辈的奉献功绩,我的善心、善行犹如沧海一粟,不值一提,但是我还是很欣慰、很幸运余生可以遇见你、遇见你们,让我有机会与伟大结缘。筱敏也说:"人的伟大,是因着生命里横亘着一条无法逾越的河,此岸是沉沦的现实与彻底的绝望,而彼岸是飞升的理想和触摸未来的强烈热情。"于孩子、于我们、于大家,做善事、行善行都是一种心灵的救赎,一种心灵深处的洗涤,一种精神上的慰藉和升华。跨过生命的那条绝望的河,展开拥抱梦想的翅膀,到达河的彼岸,希望我们都会感叹一句:"那年花开月正圆,遇见你真好。"

■ (志愿团志愿者:李阳)

姓名	任文吉
性别	女
成为志愿者时间	2014 年 3 月
志愿者编号	0010187
志愿者背景	002 邱县第一中学在职教师

志愿者服务语录

孩子们脸上的笑，就是我心中的暖。

任文吉

我和我们

Me and us

002 志愿团
邱县第一中学
任文吉

那是一个深秋，冷雨与峭风并行。午后的天空依然阴阴的，阴云边竟被一缕阳光浸染。就在这时候，一纸通知传来，于是有生之年，我第一次听到"共同行动"的名字。

由此，被冠上"共同行动人"身份的我如披上了黑色神秘礼服的魔术师，充实愉悦了我的工作、生活，打开了我狭隘的视野，改变了我凝固的人生观。共同行动纲领、理念为我长久的平凡生活开了一条精神大道，并且光芒万丈！又有如一石激浪，平静寡淡的工作也变得斗志昂扬！与每一个温暖感恩的故事相伴，感觉这世界充满美好与感动。

难忘家庭不幸的孩子挂在腮边的泪水，忍住一阵阵心疼，再默念共同行动好心人的救助和鼓励，共同行动精神再一次刷新我的价值观。

难忘身残志坚的孩子看向共同行动标志时纯洁而灵动的目光，遥想某个因仁慈而施以援手的爱心人士，让我再次相信这世间大爱无边。

难忘发放物资时的感怀；

难忘在餐厅一起包的饺子；

难忘中秋操场一起赏过的月……

共同行动传递的博爱精神引领着我，开启我潜藏的深情，让我领悟到生命的真谛和意义。世上鲜有得到而不付代价，也少有付出不要求回报。但共同行动的帮扶对象在没有任何物质代价的前提下享受到家庭的温暖，共同行动的志愿者在没有任何金钱回报的前提下默默付出。这也许才是生命价值最好的阐释。

带上共同行动徽标，我感觉自己就是带着光环的天使。人生苦难，际遇不公，遗憾生不逢时，慨叹不遇贵人。那种无力与挫败感，我感同身受，也只是化作了一声长长的叹息！在慈善这条路上，如果说我原是一个踽踽独行者，那么现在我犹如滴水融入大海。滋润干涸生命的过程促使我的生命从稚嫩走向成熟，从浅薄走向厚重，我的世界就由"我"走向了"我们"！

时光荏苒，十年风雨同舟。有顺境，有逆境，有过不尽奔走付出的落日与晨星。十年的陪伴与坚守，有人实现大学梦，有人把"共同行动"传承。十年，犹如迎风奔跑的少年，华年未央，跟他的每一个相遇，都是绝美风景！纵然走到天涯海角，你我也能编织共同的梦，串起情感的是那一句：感谢有你！

至此深秋，鹤飞雁鸣的苍穹，时时传来暖心的问候，叫醒满天的云朵，撩起满地的黄花，弥补遗失的美好！

从我变成我们，共同行动给我启迪，给我引领，给我一生的事业追求！

■ （志愿团志愿者：任文吉）

姓名	王丽娜
性别	女
成为志愿者时间	2016 年 6 月
志愿者编号	0010149
志愿者背景	002 邱县第一中学在职教师

志愿者服务语录

用我们一点一滴的小爱，成就孩子心中一片片阳光，不忘加入共同行动之初的梦想，便能心温暖我们身边的孩子，让它传递得更久远。

王丽娜

相遇即永远

002 志愿团
邱县第一中学
王丽娜

在这个繁杂快速的社会，如果说有什么工作能让一个人心灵倍受洗涤，精神倍感振奋，我想那就是做一名公益志愿者了。值得庆幸的是我们做的是能从精神和物质上帮助能进步学生的共同行动的志愿者。我感激，我幸运，我奋进，因为我和共同行动有着这样的故事。2017年的夏季共同行动为帮扶生在省会石家庄举办的全封闭式外教夏令营，是我和共同行动故事的开始。我却没能想到，这会给我带来这么深刻的感触和深远的影响。

2017年7月8日上午在共同行动秘书处和002志愿团的大力支持下，作为002邱县一中帮扶点的专职志愿者和共同行动2017年第一届全封闭式外教夏令营的带队老师，我和张欣老师带领77名师生作为夏令营第一期第一批学员，乘坐两辆大巴在全校师生的期待和祝福中浩浩荡荡出发了。孩子们在夏令营中，不仅有幸遇见了期待已久的共同行动秘书处的"家人"们——雷厉风行的范老师、内敛大气的蒋老师、风趣幽默的焦老师等等，还结识了其他帮扶点的兄弟姐妹们，更难得的是还有十位为孩子们提供零距离感受纯正英语的外教。难忘那七日我们挥洒的汗水，难忘那七日我们收获的友谊，难忘那七日我们增长的见识，难忘那七日我们共同的成长。

七天的奋战，让我到现在还难以忘怀的是秘书处老师们对孩子们细致入微的关怀。石家庄当时正值酷暑，记得为了给孩子们带来一次视觉上的盛宴，我们带领孩子们去石家庄大剧院观看《侗》的表演，演出精彩纷呈，孩子们欢呼雀跃，几乎忘记了难耐的酷暑天气，但是在回去的路上还是有名女生中暑了，等我们回到宿舍的时候已经晚上10点多了，范老师已经守在那名中暑的孩子身边了，她就像妈妈一样为孩子担忧，为孩子摇扇喂水，直到孩子感觉舒服，一再嘱咐我们后才起身离开了坚守一天的营地。秘书处志愿者老师们对孩子们细致入微的关爱让我体会到一个志愿者应有的对帮扶生的爱，我下定决心做好志愿者，做好帮扶生成长路上的支持者。

Meeting means forever

　　七天不长，七天却难熬，因为高温天气，使得每一名志愿者老师想尽办法为孩子们带来哪怕一丝凉意，也是倍感欣慰的。秘书处老师考虑周全，把营地的一个装有空调的形体训练室作为孩子晚上睡觉的地方。因为我们帮扶生最多，我和志愿者张欣老师立马提前安排。因为住不下所有女生，所以学生如何轮流去形体训练室得提前安排好。我们等候在形体训练室，为孩子们一个个铺好床垫，弄完已经大汗淋漓了。张老师坐在床垫上欣慰的笑容至今仍印在我的脑海里。

　　2017年的夏令营是共同行动第一次举办这样的全封闭式的活动，所以有很多难忘的故事，难忘的瞬间。因为酷热的天气，让志愿者们有了更多的感悟，更多的感恩，所以会更加坚守。2018年盛夏，我作为志愿者再次参加了夏令营，有了2017年的积淀，我们在条件相对较好的石家庄外国语学校圆满有序地结束了第二期全封闭式外教夏令营活动。

　　如今由于工作需要，我调离了002共同行动之家，但我还是共同行动的一名志愿者，因为它让我爱上了一群甘于奉献的老师们，因为它让我对工作对生活有了全新的认识，因为它让我更加坚定了前行的力量。感谢秘书处，感谢学校让我有这样的机会，作为一名志愿者，我幸福着，我体会着，和共同行动的故事会一直持续着，持续着……

■ （志愿团志愿者：王丽娜）

档案 2018-05

姓名	石晓娜
性别	女
成为志愿者时间	2018 年 5 月
志愿者编号	Z002008
志愿者背景	002 邱县第一中学在职教师

志愿者服务语录

赠人玫瑰，手留余香！哪怕一个关爱的眼神，一句亲切的问候，都会给培羽生以莫大的鼓舞！愿尽一己之力，为培羽生带去花香，消散阴云！

石晓娜

Bits and pieces with Peiyu students

我与培羽生的点点滴滴

002 志愿团
邱县第一中学
石晓娜

记得那是一个下午,我刚刚接手九班英语课,周测完以后我正在办公室审阅答题卡,这时一个娇弱的女生走过来轻轻问我:"老师,这些卡还有用吗?"我说:"咋了?""如果没用我就用它写单词,扔了挺可惜的。"后来我才知道这个女孩叫吴凤慈,是九班的英语课代表,也是我们002邱县一中帮扶点的培羽生。

凤慈素来节俭,用过的本子都用反面来写单词或者列算式,这让我仿佛看见当年的自己,作业本的反面也是工工整整的字迹。在今天这个时代,这样的孩子不多见,于是我把用过的答题卡统统给她,又发现她爱用试卷袋装做过的试卷,每次考完试我都把收集好的试卷袋给了她。这样看来再平常不过的举动对于这个孩子来说就是莫大的恩惠。我发现她不但自己学习努力,早读我在另一个班时她还会组织同学逐个单词过关,用一个小本严格记录过关情况。有一次我外出参加比赛,回来后她把早读检查过关的情况呈给我看,那上面写着提问了某某几个单词,对了几个,错了几个……俨然是我教学的好助手。

李晓瑞是一个和凤慈一样节俭的女孩,即使是在节假日她也总穿着校服,吃饭时也总是吃个馒头就完事。一个放假返校的午后,我去超市买东西回来途中,发现一位中年妇女用一辆电动三轮拉着好几个孩子,其中一个就是晓瑞。我想那位中年妇女应该是她母亲,那几个孩子应该就是她的弟弟妹妹。她母亲是个质朴的农村妇女。我突然明白她是家中老大,所以才会节衣缩食。别的我做不到,课堂上多多提问总是可以的。对于一个总成绩不太好的学生来说,得到老师的关注总会觉得受宠若惊。慢慢,我发现,晓瑞做题认真多了,甚至有的题比那些英语成绩较好的同学准确率还要高。我在班里表扬了她,晚上辅导时,总能看到她来询疑的身影,而我也总是俯下身子,耐心作答。而她的英语成绩也是一提再提。

作为共同行动的志愿者,我感觉自己所做甚微,但即便这样小小的付出,也会让同学们产生心灵的震颤,从而表现在向上向善的行动上。想起那句话:福往者福来,爱出者爱返!

■ (志愿团志愿者:石晓娜)

姓名	于百龙
性别	男
成为志愿者时间	2009 年 10 月
志愿者编号	0010175
志愿者背景	原 005 临西县第二中学教师 现临西县单屯校区校长

志愿者服务语录

十年春秋志风引动志愿帮扶生涯，生活得以充实，精神得以升华，意志得以磨炼，传递了爱心，传承了文明！

于百龙

Voluntary service is still on

志愿服务一直在路上

临西县单屯校区
于百龙

作为一名共同行动的志愿者，能够为临西二中的培羽生志愿服务七年之久，帮助数百名学生获得好心人的帮扶，克服困难，继续学习，不断进步，成为社会有用之才，每每想起这些，我就感到欣慰，但愿"志愿者"这三个字，能够伴我一生。

2009年的秋季，一个偶然的机会，学校领导安排我做志愿工作，受学校和共同行动组织的双重领导，因而我成了共同行动的一员。从没有做过志愿者的我，一开始确实是迷茫且困惑的，而且像制表、上报成绩、上传稿件等等工作还很生疏。在我的印象里，志愿者往往是那种有名或有钱之人，我不知道像我这样一个平凡的老师，能够带给别人什么，直到了解了共同行动"共同助力能进步的农村中学生健康成长"的宗旨，才明白做志愿者是一件多么幸福的事。

和其他帮扶组织不同，共同行动要帮助能进步的中学生。我觉得"能进步"这三个字立意很好。只要你能够进步，承诺爱心回报，那就可以加入；只要你肯努力、能进步就能够一直获得帮助。这样一来，就会督促很多孩子更加勤奋，且在心理上也更容易接受——我是因为可以进步而获得帮助，而不是因为一个"穷"字。这就显得很人性化。

说到人性化，共同行动的帮扶可以说涉及方方面面。首先是物质方面，从每月的帮扶款，到床单、被罩、笔记本等，只要是中学生需要的，组织都想到了，让孩子从各方面都可以得到保障；其次是思想方面，无论是每月一次的谈话交流会，还是每次考试之后的总结或者每逢节日的茶话联欢，每次的相聚交流，让孩子打开心扉、提升自信的同时，也让这个大家庭更有凝聚力，那些毕业的孩子一提到"共同行动"这四个字，仍然会有亲切感，满满的幸福回忆。

自从接触了共同行动，成为一个志愿者，我个人似乎也有了不可察觉的变化。2015年，我们县里有几个去新疆支教的名额，符合条件的人很多，可愿意放弃家里的一切只身前往的，却寥寥无几。我当时就在想，作为一名人民教师，我能为孩子们做的并不多，而传授知识，到边疆志愿支教，恰好是我的本职工作，如果可以让我发挥所长去帮到更多的人，何乐而不为呢。我想，在让我毅然决然选择成为一名支教老师的原因中，有一个就是"共同行动"在默默地鼓舞着我。

无可否认的是，受帮扶学生大都家庭关系复杂、家境困难，大多数同学自卑感较强，性格孤僻，并且深受当地农村读书无用论影响，这使得与他们及其家长进行思想沟通显得尤为重要，且难度很大。一次家长会上得知，有几位同学家庭极其贫困，致贫因素多种多样，家庭环境对其就学很不利，共同行动的正常帮扶仍然打消不了其辍学外出打工的念头。我及时采取措施，首先解决家长与学生的思想问题。当时寒风刺骨，我骑车到学生家中详细了解他们的实际情况，其中老官寨村的张娅同学，父母离异外出，跟姥姥姥爷相依为命，老人收入微薄，还长年吃药，孩子上学着实困难。经过深层次沟通，我向他们强调读书的重要意义，通过苦口婆心的谈话，终于使学生与家长坚定了上学的信念，但是经济困难还要解决，于是又争取学校领导同意给学生免去学费、住宿费等费用，使其稳定了情绪，坚定了信念，踏入了正确的学习道路，顺利完成了中学学业，并且考入大学，参加了工作。

还有被帮扶五年之久的马凤志，大学毕业后成为县职教中心的一名教师，李华清考入上海海事大学，并成为一名收入颇丰的船员，杨天光考入河北师大并在读研究生等，他们在临西二中共同行动大家庭学习、生活的情景历历在目。这些年来，受帮扶学生全都完成了学业，无一辍学，共同行动赢得了家长及社会各界的一致好评。

共同行动志愿者，绝不是行政工作者，更不只是物资的发放者、材料的汇总者，而是一个纽带，虽身在基层但关系到共同行动组织的宗旨和使命能否真正、完全落实。积善之家，必有余庆。赠人玫瑰，手留余香。

如今，我虽然因为工作原因，没办法继续做共同行动帮扶工作，但我相信，共同行动的号角一直在吹响，她会让更多的人觉悟并行动起来，做力所能及的事，帮助更多需要帮助的人。

志愿帮扶永远在路上。

■（志愿团志愿者：于百龙）

姓名	徐双双
性别	女
成为志愿者时间	2014 年 1 月
志愿者编号	0010182
志愿者背景	006 河北吴桥中学在职教师

志愿者服务语录

弘扬志愿精神，播撒爱心火种，收获幸福喜悦。追随共同行动的脚步，让我们一起做公益，使社会更加美好和谐！

徐双双

阳光照进生命

006 志愿团
河北吴桥中学
徐双双

刘新利，006 吴桥中学帮扶点的一名培羽少年。这个女孩在吴桥中学志愿者和共同行动秘书处志愿者心中都是特别的。这个女孩进入大家特别关注的范围始于2018年底秘书处志愿者来吴桥中学之时。之前，学校志愿者知道她的家庭是不幸的，母亲患有癌性脑膜炎、精神病、黄疸、腿残疾，为一级残疾病人，父亲也有多种慢性病，她自己也患有白血病。可是志愿者每次见到她，她都是微笑着主动地打招呼，在夏令营中、在学校里都和其他同学一样，运动、学习、生活都没有特别之处。在春节前，秘书处范老师来吴桥中学那次，我们看到了一个不一样的刘新利。范老师此行带来了刘新利父亲写给秘书处的一封信，很厚实的一封信，里面有各种医院检查结果，还有刘新利父亲写的很长很长的话。我们才知道刘新利及她的家庭对共同行动怀有很深很浓厚的感情，对帮助她的共同行动及爱心人士很是感激。从那时起，吴桥中学志愿团将刘新利纳入了特别关注的范围。

2019年春节前夕，006志愿团再次进行家访慰问活动，经过志愿者前期的调查了解，确定了几位家庭相对困难的学生为家访慰问对象，其中包括刘新利。腊月二十八这天，志愿团到了刘新利家，带去了志愿者捐款购买的慰问品，送去了新春的祝福。看到刘新利和家人脸上露出的笑容，听到他们对志愿者的感谢，我们觉得一切辛苦与付出都是值得的。我们最大的期望就是培羽生能够积极进步、健康成长。

平时，志愿者也常和班主任联系，询问刘新利的学习情况。最近，又发生了一件事，引起我们内心强烈的震撼。吴桥中学高二有位同学家里发生了变故，学校发起

Sunlight into the life

捐款的号召，领导、老师、同学纷纷献出了自己的爱心，其中也包括刘新利。志愿者范红旗老师从班主任口中得知，刘新利捐款50元，她说："我有过和他一样的感受，我能理解这种不易。"她要把身上仅有的70元钱捐出来。班主任说量力而为，留一些以备不时之需。最终她捐了50元。在捐款活动中，捐50元、100元甚至更多的同学有很多，可是对于刘新利来说，这50元是她一个月的零花钱，是她一个星期的饭费。正因为她的父母也重病在床，她也有白血病，所以她更能理解他人的困境，更想尽己所能去帮助他人。专职志愿者徐双找到刘新利，询问她有什么困难，她说："我可以的，没啥事，不过不要告诉我的父母，这都是我自己攒下的钱，父母不知道。对于我父母来说，自己家这么困难，还要捐款给别人，我担心他们不能理解。"徐双看到如此懂事的刘新利很受触动，担心她会因为捐款影响到每日的饮食，也想让她的付出得到一些善意，所以在为培羽生充饭卡时，徐双自己拿出一百元给刘新利充到饭卡里，希望刘新利可以吃得好一点点。

刘新利在经历困苦时得到了共同行动的帮助，见到了阳光，获得了被爱的体验，所以她有强大的内心和能量去帮助他人。希望她的善良和努力能够让她未来的路更顺畅，愿她在共同行动及关心她的人的助力下，可以飞得更高！

■ （志愿团志愿者：徐双双）

档案

2012-01

姓名	高志兰
性别	女
成为志愿者时间	2012 年 1 月
志愿者编号	0010185
志愿者背景	011 深州市第一中学在职教师

志愿者服务语录

送人玫瑰，手有余香。很幸运成为一名共同行动志愿者，我愿尽自己微薄之力，努力点燃学生心中的梦想，助力培养少年健康成长，让爱心传递！

志愿者：高志兰

The meeting in the mid summer

遇见盛夏的

011 志愿团
深州市第一中学
高志兰

2019年7月14日—21日，我带领我们帮扶点的25名培羽生参加了第二期的共同行动2019年夏令营。这也是我作为一名专职志愿者第三次带队参加共同行动夏令营。

正值暑假，天气炎热，我自己上小学的女儿也放假在家没有人陪伴，说实在的，一开始有些不情愿，因为不是第一次参加，对夏令营的那种好奇、兴奋和期待比以往少了很多。但是，我心里清楚，虽然夏令营对我来说不是第一次，但对于能参加夏令营的培羽生们来说，却是他们一生中弥足珍贵的机会，作为志愿者，我应该陪伴他们在夏令营中去体验、去经历、去成长。临行前，我向前来送行的学校领导和家长们保证："放心吧，我一定会在营地照顾好孩子们，大家一定会收获满满，平安归来！"

在开营仪式上，主持人一句"欢迎大家回家！"温暖了无数的培羽生和志愿者的心，爱在不断地聚拢，这更像一场共同行动大家庭的聚会。此情此景也让我重新点燃了激情，再次感受到共同行动夏令营的神奇魔力。

与往年相比，今年的外教课堂开设了英语文学、科学、音乐、体育四门课程，由来自美国福罗里达州一个中学的科班教师们来授课，纯正地道的美式发音，丰富的肢体语言，寓教于乐的教学方式，每个外教全身心的投入，让孩子们很快摆脱了羞涩拘谨，克服了语言障碍，与外教一起融入了课堂。短短几天的外教课程让孩子们对英语产生了浓厚兴趣，极大提高了英语的听、说能力，体验到美国课堂的不同之处，更加深了师生情谊，爱上了英语。

每天早晨的文体空间除了晨跑、篮球、足球等活动外，还邀请了一些柔道、拳击、散打、艺术体操、羽毛球、乒乓球等世界冠军及省队运动员在营地的操场上进行展示和专业知识的传授。我国著名跨栏运动员史冬鹏、射击世界冠军赵颖慧的到来更是让大家惊喜万分，他们用自己的成长经历诠释了体育精神，更激励营员们树立人生目标、自信自强、勇于追求梦想。

夏令营项目组为营员们开设了一些手工DIY拓展活动和大师分享课程，让营员们近距离目睹了北清学子、药学专家、世界冠军、金牌律师、军事专家、艺术家、环保使者等大咖的风采。这些课程锻炼了这些来自农村的营员的动手动脑能力，让他们了解到一些行业的专业知识的同时，也开阔了视野，培养了爱国情怀，插上了梦想的翅膀，感受到世界的丰富多彩。

共同行动夏令营能成为爱心汇聚的夏令营，除了很多爱心人士和爱心企业的无私捐助外，与所有志愿者的关爱和奉献也是分不开的。在这里有严谨做事、用心做公益的共同行动基金会魏先生；有从早到晚奔波在营地各处的项目组负责人，被营员们先怕后爱的"范妈妈"；有幽默风趣的"超级暖男"苏老师；有时刻关注夏令营动态，辗转在秘书处和营地，积极为夏令营做好服务的秘书处志愿者们；有担任班主任，陪在营员身边，每晚下课后分布在各个楼角高举手机为大家照亮台阶的小驻营志愿者们；有像我一样离开家人、牺牲自己的假期，照顾营员生活，为他们拍照留下夏令营精彩瞬间的带队志愿者们；有在短短几天里学会尊重、守规矩、自信、感恩的小营员们……

七天的夏令营生活后，我们被他人感动着，也感动着他人，能参加夏令营对每个人来说都是一次精神的洗礼和难得的成长，我们相信一粒粒爱的种子在这里生根发芽，让我们把爱传到更多更远的地方！

■ （志愿团志愿者：高志兰）

姓名	董佳
性别	男
成为志愿者时间	2014年1月
志愿者编号	0010184
志愿者背景	012 河北深州市中学在职教师

志愿者服务语录

作为一名共同行动志愿者，我感到十分荣幸。我愿意弘扬共同行动精神，尽己所能，甘于奉献，与共同行动基金会和社会爱心人士一道，共同助力农村中学生健康成长。我奉献，我快乐！

董佳

Joint Action and me

我和共同行动

012志愿团
深州市中学
董佳

2014年，我成为共同行动012深州中学帮扶点的专职志愿者，如今已经五年了。在这五年时间里，我见证了共同行动的发展，见证了一批批培羽生在共同行动的帮扶下积极进步，进入理想大学的大门，见证了一批批新生融入共同行动大家庭。看着培羽生健康成长，我由衷感到高兴，觉得平时辛苦的工作都是值得的。在共同行动的志愿服务中，我自身也得到了成长。记忆犹新的是几个第一次，记录了我和共同行动的故事。

第一次组织的活动是2014年的中秋活动。如何让80多名学生度过一个难忘的中秋？我的压力很大，制定方案、发动宣传、组织准备，事无巨细，我都一项项去抓，但到了文艺晚会的环节，却犯了难，我之前没有组织文艺活动的经验，感到无从下手。无奈之下，只好发动群众。高琦琪、杜康宁、谢纪聪三名同学自告奋勇做主持人，他们编写主持词、编排节目，忙得不亦乐乎，我索性放手让他们安排。一直到活动当天，我心里还没有底，出乎意料的是三个主持人自信大方，演节目的学生也积极踊跃，即使唱歌跑了调，也毫不怯场，反而引起同学们一阵阵笑声，轻松、欢乐的气氛一直持续到散场。通过这次活动，我认识到学生的潜力，也在以后的活动中注意多发挥他们的自主性，多给他们机会。

第一次发表文章是在2016年共同行动十周年征稿活动中。我以自己的切身经历写了一篇文章，抒发了加入共同行动大家庭的感受，记录了一些在具体帮扶工作中的体会和做法。最后这篇文章和我们帮扶点其他志愿者、培羽生及培羽生家长的文章一起刊印在书籍《蹊径》中。看到自己写的文字第一次发表到正规书籍中，觉得很有成就感。在以后的工作中我经常在网站发表新闻，审阅培羽生写的文章，做一些活动宣传等文字工作，感到越来越游刃有余。我想，正是这一次发表文章的经

历带给了我自信。2018年在编辑《暖·志愿服务实录》专刊时，我发现一年时间里我发表的新闻稿已经有十几篇了，集合在一起展现了帮扶点一年来的活动情况，觉得非常有意义。

第一次参加年会是在2017年，我和志愿者翟燕老师、张冬梅老师来到石家庄，看到各志愿团志愿者从四面八方聚集到一起，见到了共同行动魏先生、秘书处的各位志愿者老师，我们都感到很荣幸。在会上魏先生讲起共同行动的初心，他讲到第一次自己驾车去学校给学生发帮扶款，讲到共同行动十年走过的历程，讲到共同行动的前景，我很受鼓舞，觉得自己的责任重大，并暗暗下定决心，一定要做好专职志愿者的工作，不忘初心，履行承诺。

还有很多第一次：第一次组织大型会议，第一次带学生去石家庄参加夏令营，第一次为培羽生募捐，第一次组织参与"99公益"募集善款……我记得一位志愿者说过，在共同行动志愿服务工作中她既是一位老师，也是一名心理辅导师，还是一个保镖、医生，有时候还要做美工、当记者、做编辑、当导演……但是她觉得这些工作都是有意义的。

是的，在共同行动的平台上，只要能够让培羽生获益，我也愿意扮演各种角色，尝试更多第一次，将爱心传递到每一个培羽生的心中。

■ （志愿团志愿者：董佳）

档案 2014-01

姓名	康增猛
性别	男
成为志愿者时间	2014 年 1 月
志愿者编号	0010160
志愿者背景	012 河北深州市中学在职教师

志愿者服务语录

涓涓细流，汇成了共同行动宽广的大海。我愿是这其中的一朵浪花，折射出共同行动的美丽光华。

康增猛

Pure

纯洁

012 志愿团
深州市中学
康增猛

　　负责共同行动志愿服务工作，算起来已经八年有余了。一路走来，从开始接触到现在的熟悉，我对共同行动有了越来越多的了解，感情也越来越深厚了。

　　在这个过程中，有两件小事，我印象深刻。

　　2015年高考过后，我接手了高二的共同行动志愿服务。当时，要成为共同行动帮扶的培羽生需要通过网上申报流程，学生个人要把自己各方面的情况以网上填写的形式向秘书处汇报。这种情况下，流程简化了，不失为一种好的形式，但同时，班主任的作用被淡化了。真正知道第一手情况的，除了学生本人，就是班主任。如果学生实事求是，这是最好的，同时也是应该的，但是，学生在这方面如果撒了谎，甚至颠倒黑白，那后果就很严重了。也就是在刚刚批准了一批学生后，有渠道反映，某班一位共同行动G同学，家境殷实，但填写申请时写的"困难可怜"，在第一次补助资金到位后，请部分同学大吃大喝，还有"瞒天过海"后的炫耀。得知这一情况后，学校及时上报秘书处，终止了该同学的资格。虽然在师生中造成了一定程度的不良影响，但毕竟亡羊补牢了。

　　2019年暑假，我有幸带队参加在石家庄举行的夏令营。在去之前的营员会上，我按照秘书处要求，宣布了若干项纪律和注意事项。其中，不允许营员携带和使用手机等物品，对此作为一项重要规定进行了强调。在入营后的某一天，管理人员发现了两部手机，其中一个就是我校的S同学的。得知此事后，我对这位同学进行了严肃批评,同时与该生一起,诚恳地向当时的夏令营负责人范老师承认错误,表示接受一切处理。我为共同行动秘书处管理人员的严肃纪律、严格管理点赞。没有规矩,不成方圆。越是纪律严明,我们这个组织就会越向好的方向发展。后来证明,这样做是正确的,对这位同学,对其他同学,都有重要的积极意义。

以上两件事情,原本不是什么好事,但我们采取了及时、有效的处理方法,化害为利。在后来的工作中,我们以此为例,对学生进行相关教育引导。同时,在学校召开全体志愿者会议时,提议更加严格执行共同行动的准入制度,进一步加大班主任参与力度,扩大班主任知情权、决定权,同时向广大同学征询意见,全体申请同学和已被批准成员要时时处处接受监督。

共同行动是一个公益组织,我们共同见证了她的成长和壮大。共同行动接受的是需要帮扶、值得帮扶、能进步的同学。

每一位爱心人士、秘书处老师、志愿者、共同行动同学,以及每一位关心、爱护共同行动的人一起,如涓涓细流汇聚成了共同行动宽广的大海。我依然愿是这其中的一朵浪花,折射出共同行动最美丽的光华。

■ (志愿团志愿者:康增猛)

姓名	门会云
性别	女
成为志愿者时间	2015 年 9 月
志愿者编号	Z012007
志愿者背景	012 河北深州市中学在职教师

志愿者服务语录

爱无声却最感人，爱无形却最美丽。我愿做爱的使者，净化自己，温暖他人。

门会云

让心灵
开出一朵花

012志愿团
深州市中学
门会云

所有的成长，最终都是心灵的成长。所有幸福的根源都是心灵的成熟、喜悦与平和。唯有富足的心灵才能带你穿越生命的伤痛与困惑。所以人一生最重要的是心灵的富足。

——题记

我们012志愿团（深州中学）领航志愿者霍万聚多次提出："我们志愿者对加入共同行动的孩子们的帮扶，要更多地注重精神层面的东西，让他们感受到爱的温度，得到心灵上的丰盈。"作为一名共同行动的志愿者，在和孩子们的接触中深深地感受到它的意义。

2018—2019年，我和8名共同行动帮扶的高三培羽生进行了多次交流，有熟识的，有陌生的，通过接触，他们让我走进了他们的心里，得以给一颗颗迷茫的心灵拂去迷雾，看到了希望的太阳对他们微笑。

王竹月平，一个个子不高、声音好听的女孩子，喜欢播音，因为担心会影响学习而放弃了学校播音员的工作。我们交谈时她皱着眉头说："我睡不好觉，无论怎么努力，我的成绩就是不提高，我给妈妈打电话，妈妈只会叹息，我在电话这头哭，妈妈在那边抽泣。"我拉着她的手说："孩子，你的困惑，不仅仅是你的，其实是很多高三孩子共同的困惑。慢慢来，肯定会看到进步。对于最爱你的妈妈，你要知道她可以做到的爱你的方式是什么。我希望你再给妈妈打电话，就告诉她你很好，让妈妈不要担心，快放假了，好想吃妈妈做的饭。那样妈妈就是快乐的，她会欣慰于可以为自己的孩子做点事情。"王竹月平轻轻地点头，低头思索，对我说："老师，我懂了。"一句"我懂了"让我看到了孩子的豁然开朗，看到了一个孩子的成长：感受爱，学会去爱，肯定自己，面向未来。

一个酷热难当的午后，微信显示有个好友申请，当"鲁佩佩"三个字跃入眼帘，

Let the heart nourish a flower

我赶紧添加了朋友。这个加入共同行动组织的小女孩，最初一人来到学校，要求上学，各种困难学校和她一起面对，翟主任和我鼓励她，支持她，给她找来一对一的社会爱心资助，帮她申请助学金，申请加入共同行动，我们每月会约谈一次，谈生活、谈学习、谈小欢喜……心，就在这些日子里走近了；情，就在这些交谈中拉长了。

当你用生命去感动生命，用心灵去碰撞心灵，那生命之花定会越开越灿，心灵的荒原必然开出美丽的小花，哪怕不张扬，也必然有怯怯的喜悦。我努力吸纳社会爱心人士从物质上帮助他们，我和他们有一个约定，每月见一次面，谈一谈心，比如刘春兵、李一凡、尚二闯……一个个名字那样熟悉，一幅幅画面那样生动，每次交谈，都可以看到改变。看到成绩的进步，悄悄地改变命运的航向；看到眼中越来越有光芒，那光芒驱散心中阴霾。

寒来暑往，他们有的步入大学的殿堂，

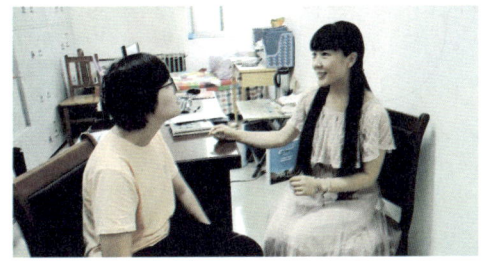

有的还在深中为了理想而奋战。但丁说过："爱是美德的种子。"所以我相信他们以后不管志在何方，身在何处，都将承载着我们的爱，去滋养一个个需要呵护的心灵，让荒芜的心灵开出一朵朵稚嫩的小花。

我坚信，爱无言，情无声，但是会延续。借用凡·高的一句话结束本文："爱之花开放的地方，生命便能欣欣向荣。"

■ （志愿团志愿者：门会云）

档案 2017-11

姓名	齐玉峰
性别	男
成为志愿者时间	2017 年 11 月
志愿者编号	Z012003
志愿者背景	012 河北深州市中学在职教师

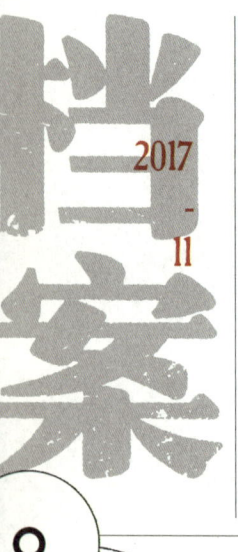

志愿者服务语录

慈善工作本身也是为人民服务。

012-齐玉峰

Get-together in a bitter summer to find out the specialty of this goodwill

一番炎夏苦乐会
始知此善意不同

012 志愿团
深州市中学
齐玉峰

做共同行动志愿者好几年了，也参加了不少相关的活动。但是在 2019 年 7 月之前，心里并没有认为共同行动和其他的慈善有什么根本的不同。

2019 年 7 月 14 日至 21 日，我带学生参加共同行动在石家庄外国语学校举办的夏令营，收获颇丰，也深刻体会到共同行动发起者和组织者的良苦用心。

首先是完备的入营指南，规定了严格的纪律、卫生要求，对营员就餐、午休晚休、上课、语言、行为礼貌等各个方面都提出了明确的规范。从学生的自我管理到内务管理、公共设施的使用全部有详尽的要求。九条就餐礼仪须知保证了群体共同就餐的秩序和清洁。可见这个夏令营不是为了玩乐，而是为了发展。

到达营地后，先是英语考试，根据考试成绩，营员们被分为初、中、高级三类班级，不同班级的划分，照顾了学生英语

水平的差异，做到了因材施教。

共同行动夏令营，专门制定了《伤病营员处置方案》，从蚊叮虫咬到发热呕吐再到紧急伤病，分别制定了详尽可行的处理方案，以及后续处理、康复情况的汇报制度。从中可以看出共同行动夏令营早就具备了成熟的组织模式。

共同行动的帮扶条件有两个，一是努力进取的榜样，二是传递爱心的使者。我认为这是共同行动组织者的大智慧之处。他们不是在简单地自己做慈善，也在进行

教育。他们在帮扶的同时，也在发动、鼓舞更多的人，至少是被帮扶的人加入做慈善的行列。随着岁月的推移，这个队伍会越来越大。善意广播，善事不止。

共同行动有着更深刻的社会意义。正如共同行动魏先生所讲："有的孩子，在贫困中，因为缺少关怀，会逃避社会，甚至会仇恨社会。只要我们的努力能够感染孩子，就值了。"这是仁者的胸怀。因为他们通过减少仇视，通过唤醒善良，大大减少了潜在的社会悲剧。把潜在的悲剧及次生悲剧转化为一幕幕的人生喜剧，这才是功在当代利在千秋的丰功伟业！

夏令营活动的趣味性和生活的艰苦形成强烈的对比。正值酷暑，宿舍没有空调，午休晚休，难以成眠。对于我们大人来讲是忆苦思甜，我曾做小诗调侃："三十年前向往处，一刻不想多住。夜半吵闹不须烦，横竖无以成眠。呼吸都能累出汗，翻身粘起床单。却奇当年更贫时，如何睡得香甜？"但是正是夏令营课程、活动的趣味性和其中饱含的正能量，让营员们对生活的艰苦毫无怨言，并能苦中作乐。这是我们教育者应该学习的。

一番炎夏苦乐会，始知此善意不同。共同行动人的一番苦心，给营员们带来了一生难忘而又受益一生的非凡经历。

■ （志愿团志愿者：齐玉峰）

姓名	张昭
性别	男
成为志愿者时间	2014 年 1 月
志愿者编号	0010159
志愿者背景	012 河北深州市中学在职教师

志愿者服务语录

祝福你们在最好的年华遇到爱，遇到希望。我愿意和你们在一起。心中有爱，眼里有光，未来有梦想。

张昭

我们同行 共同行动

Joint Action, we move together

012 志愿团
深州市中学
张昭

成为共同行动志愿者这么久以来，帮助学生、关心学生，我们在一起过中秋节、入夏令营……我为自己是河北深州市中学的教师而感到欣慰，为自己是共同行动的一分子感到荣幸。

还记得陪着孩子们去共同行动夏令营，孩子们眼中犹如灌满了星星，那是一种打开了新世界的大门的新奇与惊喜。说实在的，我的心里最初并没有太大的兴奋，因为不是第一次参加夏令营。但是，我心里也异常清楚，虽然夏令营对我来说不是第一次，但对于能参加夏令营的培羽生们来说，却是一次成长的珍贵机会。

每天早晨的文体空间除了晨跑、篮球、足球等活动外，还邀请了一些柔道、拳击、散打、艺术体操等省队运动员在营地的操场上进行展示和专业知识的传授。他们用自己的经历来诠释体育精神，更激励孩子们树立人生目标、自信自强、勇于追求梦想。

七月，我们相遇，我们被他人感动着，也感动着他人，能参加夏令营对每个人来说都是一次精神的洗礼和难得的自我成长，我们相信一粒粒爱的种子在这里生根发芽，也将散落各地。

每一年的"爱在中秋"活动我都会参加，因为我想看到大家在这个团圆节欢聚一堂的样子，我更想看着这些年轻的孩子去玩、去笑、去用心、去奋进。大家一起分"共同行动"大月饼，希望我们的每一个孩子都可以步步高升。或许大家的表演并不是那么的精彩绝伦，甚至略显生涩，但大家欢聚一起，才是幸福的意义。我看到他们的青春、活力、张扬、才情……是啊，这是他们的时代，这才是活出了青春应有的样子！放假后，我们的培羽生把月饼带回家和亲人一起分享，那一张张绽放的笑脸，就是对共同行动最大的感谢与支持。

每一份善意，都会在转角处遇到祝福。共同行动，我们同行，爱，与你同行。

■ （志愿团志愿者：张昭）

姓名	郭增战
性别	男
成为志愿者时间	2012 年 4 月
志愿者编号	0010226
志愿者背景	016 河北饶阳中学在职教师

志愿者服务语录

共同行动是引领我们前进的路标，作为专职志愿者，我愿做那铺路石，和千千万万颗铺路石连在一起，帮助铺就农村中学生健康成长之路。

专职志愿者郭增战
2019年10月6日

讲述照片背后的故事

The story behind the photos

016 志愿团
饶阳中学
郭增战

照片中这个漂亮的女孩叫王恩爽，培羽生编号是0160031，于2011年毕业于饶阳中学。

2009年4月，饶阳中学成为共同行动第16个帮扶点，当时学生申请帮扶还不是在网上填报，而是在纸上填写。志愿者李建国老师在班主任会上宣传了共同行动学生报名工作后，我班有几个学生有意愿报，而恩爽的呼声最高。这时有学生反映她家承包着果树园呢，家里有钱，不应该接受资助。我把恩爽叫到办公室，说到她父亲承包的事，恩爽没有否认。但她说，听父亲说好像由于管理不到位，没有赚到什么钱，父亲还要通过打工来支撑果树园这边的投入。当时说这些话的时候，恩爽的眼圈始终是红红的。趁学生们放假，我到了她家，眼前的一幕让我不禁流下泪来：4间砖土混合房；母亲刚做完手术，躺在炕上；家中摆设特别简单。和她父亲交谈中又了解到，恩爽有两个哥哥，都在上大学，每年学费是一大笔开支，支付完恩爽母亲的手术费后家里又欠了很多债，家里几乎无力负担她的学费了。但恩爽的成绩又很优秀，所以，恩爽几次要退学，但家长一直鼓励孩子要坚持上学，要坚持下来。我的心情很是沉重。开学后，班会上，我让学生们评价一下恩爽的优缺点，孩子们七嘴八舌说了一大堆：第一个到教室开门的是她，第一个拿出书本学习的是她，课堂上回答问题最多的是她，始终居于班级前十名的有她，承包讲台、饮水机卫生的是她，第一个给生病同学递水送药的是她，给同学们讲题最有耐心的是她……学生们很可爱，他们评价恩爽没有一点缺点。我心里也有底了。

当我宣布王恩爽同学接受共同行动帮扶时，全班学生给出了最热烈的掌声。

在十年前，正是共同行动及爱心人士及时伸出了援助之手，让她有幸成为共同行动016饶阳中学帮扶点的第一批受帮扶的学生，在生活上、学习上都给予她很大的帮助，使她可以心无旁骛地完成自己的学业。在共同行动的帮助下，她顺利地考入了河北北方学院，成为一名大学生，并以优异的成绩考取了华中农业大学的研究生，现在顺利转博。

生活中有很多如果，但因为有了共同行动，王恩爽是幸福的，她还在追梦路上奋力拼搏着！

■（志愿团志愿者：郭增战）

姓名	刘秋蕙
性别	女
成为志愿者时间	2009 年 4 月
志愿者编号	Z017003
志愿者背景	017 河北郑口中学在职教师

志愿者服务语录

有的草美在一份芳，有的芳香在一棵草上。校园生活每日新，我与学生花草是知音。

刘秋蕙

2019.10.9.

我与共同行动

Joint Action and me

017 志愿团
郑口中学
刘秋蕙

五月初，是月季花最美的时候。那一天早晨，一下子，园子里的月季花全开了，百态的花朵，微笑着，千姿的月季，分明一绽开就是美的样子。我喜欢这样的美，于是一口气数了238朵，又接着数了35朵，这两个数相加，正是我们017郑口中学帮扶点参与共同行动的培羽生人数。

特别美的景，让我想起了特别美的活动。2009年的五月，我校正式加入了共同行动。29名学生各自得到了一份生活补助，第一朵来自远方的爱之花开在心头，大家振奋，心情格外不同。我们都知道，那是来自河北省共同行动助学基金会的爱心。为了庆祝，我们组织召开了接受爱心、传递爱心座谈会。会上，我们一起学习了永葆青春的秘方，每人拿一根筷子练习微笑，模拟怎样保持乐观心态，那一次彭月同学练得最好，她微笑的样子，就是园子里那朵花开正盛的红月季。她带着微笑，带着自信，坚持了两年零两个月，一路走来，她以660分的成绩考入了北京邮电大学，她是共同行动的骄傲，也成为后来017郑口中学帮扶点每届共同行动培羽生的榜样，尤其值得一提的是因为她的成功，她参加共同行动会议时的固定座位，也有了特殊的意义。在10年前加入共同行动时，她坐在那儿写下的座右铭"没有比脚更长的路，没有比人更高的山"，至今还完好地保存在学校第一届共同行动的档案里。为此，我通过对月季的赞美抒发了对她的喜爱之情，把她的优雅、信达写进了诗歌，《致月季》一诗发表在了《衡水日报》晨刊。

因为彭月的故事，月季花便成了我的最爱，也被一届又一届的学生在我的带领下欣赏。时常想起学生美好的感慨和回忆。新华说，想起那次领取帮扶物品，我们都很听话地按志愿者老师的安排坐在自己的位子上，喜悦之情溢于言表，一会儿动动这个，一会儿动动那个，就像小孩子分到了糖果一样。老师们看着同学们的高兴样也笑得合不拢嘴了，像一朵朵灿烂的月季花在绽放。恒源说："刚入高中时，曾一度想放弃学习，但就在这时，一个名字、一个人或是一种精神撑起了眼前的蓝天，就像久旱逢雨，它走进了我的生活，心形标志的共同行动让我的人生发生了转变。我在被关怀中走过了这三年，如今即将迎来那化蛹为蝶的高考。"高猛说："真的要感谢共同行动，让我在失意中重拾信心，在迷茫中找准方向。爱的力量是无穷的，感受了爱，真心拥有，传递爱心，你我共参与。在以后生活中，我也要传递爱心，将这份美好与人共享。"

有花香的园子美也多，共同行动成了一个温馨的家。艳鹏每次给志愿者老师写信都起个题目，她写的《我的伊甸园》这封信，我一直珍藏着，信里真情地写道："加入共同行动半年了，最喜欢看志愿者老师的笑容，似一朵芙蓉花，缓慢舒张，温柔成形，那嘴角上扬，不用言语，便已传播了爱的力量。中秋节虽然过了，但那次'中秋月更圆'的活动却始终萦绕在我的脑海，当身在会场时，我发现那原来不是普通的会场，而是一片爱的海洋，我似海里的一条鱼，周围是温暖的海水，散发着浓浓的爱的气息，在歌声中，我陶醉了，明白了爱的伟大，懂得了感恩，突然觉得在这个大家庭里，原来是这种感觉，一种说不尽的幸福。"金月说："记得当我刚加入共同行动时，我便觉得在学校之外有了个家，感觉好温暖。"新超坚定地说："共同行动，我的另一个家。"还有的同学说："在这个家里，我懂得了什么是责任，什么是爱，我想负起这个重任了，所以我想努力了。"共同行动给玉鑫同学带来的"甜果"，让他变得开朗了，因为共同行动教会了他尊重、感恩，打开了他心中那扇关闭很久的友谊之门。章鹏写信说，他时常想起一起度过的中秋夜，想起那透彻明净的月光，如今坐在高考的考场里，执起手中那代表爱的笔，心中流动着静谧而起伏的感动。也难怪一个叫月香的同学说，她时常捡起园子里的月季花瓣放在书桌上，让共同行动的花香也月月陪伴，犹如每月打进饭卡的帮扶款。随着共同行动队伍的壮大，我们的家越来越大，凝聚力也越来越强，为此我特意邀请河北省知名书法家马志伟为共同行动之家题字一幅《家》。

在这个月季飘香的园子里，在这个温暖的家里，人才辈出，随献伟——清华大学硕士研究生，共同行动帮扶的培羽生；郭佩瑶——正在北京大学就读，共同行动培羽生。238名学子，共同行动曾经帮扶的培羽生，正在各自的岗位青春飞扬；35名高一培羽生，共同行动的成员，正在郑口中学奋力拼搏。想起十年来的经历，每一次活动，每一个设计，每一次讲话，每一个场景，都历历在目，我十分感慨与共同行动一起走过的岁月，对未来更充满期待。

■（志愿团志愿者：刘秋蕙）

姓名	魏彦昭
性别	男
成为志愿者时间	2014 年 9 月
志愿者编号	0010178
志愿者背景	013 深州市旧州中学在职教师

志愿者服务语录

人生就是一场修行，
有缘加入共同行动。
爱和给予助人自助，
初心不改，永在其中。

魏彦昭

Forever young

无问西东

013 志愿团
深州市旧州中学
魏彦昭

（一）求索

毛驴儿拉磨哟，它走不出那个圈儿，井里蛤蟆就能看见，巴掌大的一块天哟，通天大道本来，就有笔直的一条线呦，何苦还要翻山越岭哟，硬去拐那几道弯儿……

上面是十七八年前热播的电视连续剧《刘老根》的主题歌，也能代表我曾经的心态！

2003 年，那时我们还是农村在职教师，结婚且有孩子了，又去河北师大脱产读研。我们几位 30 来岁的大叔级的研究生同吃同住同学习，结下了深厚的友谊。那时我们都是不安于现状的 loser，贫困潦倒却又充满豪情。

一晃十几年了，彼此很少见面，偶尔在 QQ 上问好。

毕业后各自回乡，都还在从事自己原来的工作，无职位，无职称，无高薪、无前途，成了更惨的 loser。稀粥一样的红尘蹂躏着灵魂的翅膀，心灵却从未安分。夜深人静时，也在思考：人活着，怎样才有意义？我们农村教师，怎样才能发挥自己的价值？

难道我们就这样浑浑噩噩下去吗？

（二）邂逅

曾经真的以为人生就这样了
平静的心拒绝再有浪潮
斩了千次的情丝却断不了
百转千折它将我围绕
有人问我你究竟是哪里好
这么多年我还忘不了
——李宗盛

2014 年是我做教师的第 16 个年头。暑假开学之初，主管学生扶助的王树超副校长找到我，让我接管学校的共同行动，他说可以发挥我的电脑特长，报报成绩，发发帮扶款，也没有什么别的事，很轻松。那时候，我工作倒也不繁忙，也就没有推辞。谁知道共同行动"深似海"啊，后来发现我"被骗了"！做志愿者，哪有那么轻松！

2014年的中秋节，是我第一次参加共同行动中秋活动，懵懵懂懂地第一次吃到共同行动的月饼，也就正式接任了共同行动专职志愿者！一张银行卡，一个网站密码，就开始了我的志愿者工作。五年来，陪伴一百多名培羽生毕业，发放帮扶款20万余元，组织各种活动50余次，发表或组织发表文章300多篇。

在我的宣传和带动下，共同行动在当地越来越被公众熟知，奉献爱心的人也越来越多。

（三）坚守

教师虽然清苦，但最近几年也不愁温饱，可那些家庭贫困的学生，为生活而苦恼，不能专心求学。共同行动助学基金会的宗旨就是帮助农村孩子完成学业，自立自强。我们一线教师身边就有不少这样的孩子。

我们是爱心的传递者，也是奉献者。

每周一和周四，我都全天在学校值班，每到饭后休息时间，都有培羽生来我的办公室聊天。他们和我聊学习，也聊理想、聊生活，有几个学生成为我的粉丝，课余总喜欢在我身边。值班的一天不但要备课上课，还有诸多事务，中午也非常困倦，但作为培羽生的知心人，把午休时间奉献给共同行动，五年我坚持了下来。

学生进步了成长了，顺利毕业了，我自己也有一种成就感，这是我喜欢共同行动的原因。有了共同行动的每一天，都是累并快乐着。电影《无问西东》中一句台词说出我的心里话："爱你所爱，行你所行，听从你心，无问西东。"

（四）难忘夏令营

2017年第一次夏令营，是我心里最没有底的一次。013旧州中学帮扶点有史以来第一次组织学生暑假外出活动，也是我这个孩子王第一次代表013旧州中学执掌帅印。

我联系到了每一位家长，争得了他们的同意和支持，建了一个微信群，随时随地沟通。征得校长同意，给每位孩子投了一份短期意外保险。我和所有参营学生约法三章，要求学生"做最好的自己"，也定了个"文明、守纪、尊重、友善、交流、分享、进步、感恩"十六字方针，让学生熟稔于心，遵照执行。

来营地第一天，我尝试着用这一天的照片做成了带队老师中的第一篇"美篇"——《共同行动夏令营的24小时——入营到听课》，记录夏令营里孩子们的每个努力的瞬间。共同行动给了他们这次机会，他们努力做最好的自己。

我何尝不是在做最好的自己呢？每天5点多起床，陪着孩子出操，不断和孩子们交流心得体会。我去不同的教室听课，跟拍，用微信群和各带队老师、志愿者分享精彩瞬间。在营地，我先后给两个生病的孩子外出买过药；自己偷偷把水房、厕所里的垃圾清理干净……每一天，忙碌而充实，感动和被感动。

2017年夏令营结束了，我和25个孩子通过七天的同吃同住同学习建立了深厚感情，我看到他们变得更自信阳光，充满精神力量。

共同行动2018年夏令营开营时，我七十多岁的老父亲刚刚做完鼻息肉手术，还躺在深州的医院里，把父亲交给姐姐照顾后，我就带领孩子们来到了石家庄。

父亲曾经是那么健壮威武，为我们遮风挡雨。现在父亲老了，身体出了不少问题。父亲不愿我耽误工作，等我暑假才让我陪他入院做手术。这次入院，是我难得的尽孝机会，而我又要离开。对父亲，我充满愧疚，对夏令营，我也不能缺席，因为孩子的安全都交到了我手上。

没有想到，2019年5月，我也患上了鼻窦炎，又引起咽喉炎，早晚咳嗽，说话吃力。2019年的共同行动夏令营，我是带着药来的，不但有西药，还有煎好的十几袋中药，用热水泡着喝。暑假，谁不愿在空调屋享受一下清闲，谁不愿意补补亏欠家庭和孩子的亲情课，但是为了农村孩子的进步和成长，我们积极工作，乐此不疲。

《平凡的世界》主人公孙少平说，我们都是平凡的人，但要从这平凡中做出不平凡来。做教育工作，又成为共同行动志愿者，这都是在做播撒爱的事业。当我们年老时回首，一生看似平平淡淡，其实聚沙成塔，谁能说不是改变了国家的未来呢？

只问盛放，只问深情，只问初心，只问怯勇，无问西东。

■ （志愿团志愿者：魏彦昭）

档案 2017-10

姓名	苑潇允
性别	女
成为志愿者时间	2017 年 10 月
志愿者编号	0011083
志愿者背景	016 饶阳中学在职教师

志愿者服务语录

共同行动是引领我们前进的路标，作为专职志愿者，我愿做那铺路石，和千千万万颗铺路石连在一起，帮助铺就农村中学健康成长之路。

016饶阳中学志愿者
姓名：苑潇允
2019年10月12日

The warm-hearted Mr.Guo in my eyes

我眼中的热心老郭

016 志愿团
饶阳中学
苑潇允

016饶阳中学帮扶点专职志愿者郭增战老师，中学高级教师，自1990年7月参加工作至今，一直担任班主任，一直教两个班的语文。

郭老师在工作繁忙之际，还担任了共同行动这一慈善组织的专职志愿者。自2012年至今，016饶阳中学帮扶点已有536名同学接受共同行动爱心人士资助，顺利升入理想大学，共接受帮扶款1238100元。

我自2017年10月开始参加共同行动志愿活动。2018年7月29日，有幸和郭老师一起参加共同行动2018年夏令营，其中有几件事让我感触很深。首先到石家庄包车，郭老师当时找了3家出租车公司，他多次与这三家交流沟通，力争将费用压到最低。最终，经过比较，选择了一家费用最低的出租车公司。这家出租车公司负责人和别人说，以后可得少和老师们打交道了，太会算计！到营地后，郭老师把营员们分成几个小组，每组设小组长，男女生又分别设大组长。每天午睡、晚睡前各小组长要到指定地点汇报考勤、学习、生活等情况，每次集合，郭老师都要反复讲要遵守营地的各项规章制度，要营员们自立自律自强，要珍惜这次难得的与外教亲密接触的机会，掌握学习英语的方法和技巧。

培羽生张静同学8月2日晚上回宿舍时，晕倒在去宿舍的路上。当时，我就在孩子身边，把她揽在怀里，心里特别着急，我赶紧联系了郭老师。接到电话，他一路小跑着过来，二话不说，背起张静同学就往大门外跑，边跑边让我联系营地老师如月，让她联系出租车，送我们到最近的医院。在去医院的路上，郭老师拨通了家长的电话，问了问张静的身体状况。从孩子妈妈那里我们得知张静一到生理期就会肚子痛，有时会晕。到了医院急诊室，挂号，联系医生，郭老师跑前跑后，经过治疗，张静疼痛有了缓解，也有了精神，征得医生同意，我们回到了营地。到营地后，郭老师打电话告诉家长，孩子没事了，让家长放心，然后又嘱咐我当晚到张静宿舍多转转，有情况及时告诉他。到晚上12点，郭老师最后一次确认张静安然无恙后，才放心休息。

"忠心献给事业，爱心捧给孩子，安心留给家长"，这一直是共同行动志愿者郭增战老师的工作准则。他用自己对学生的爱心、做教师的良心、对公益的热心和对事业的忠心，诠释着自己的人生价值，展示着人民教师的生命芳华和最美品质。

■（志愿团志愿者：苑潇允）

档案 2009-05

姓名	贾静宇
性别	男
成为志愿者时间	2009 年 5 月
志愿者编号	0010180
志愿者背景	017 河北郑口中学在职教师

志愿者服务语录

> 为学生服务，陪伴学生成长，使学生富有理想、爱心和善心，是我最大的幸福和快乐！培育羽翅膀丰硕丰满，自由翱翔蓝天，是我心中最靓丽的风景。
>
> ——贾静宇

Ten years memories of wonderful moments

十年追忆 精彩瞬间

017 志愿团
郑口中学
贾静宇

  017 郑口中学帮扶点加入共同行动至今已整整 10 年，追忆 10 年历程，可忆、可记、可圈可点、可欣可愉之事甚多。只是不经意间，时光很快流逝，许多美好场景、人事在我日渐衰退的记忆中渐渐模糊。现在要在脑海中撷取较为清晰的几朵浪花，形成几个画面，复原 017 郑口中学帮扶点加入共同行动后相关的活动场景。

初见

  听说共同行动，那还是 2009 年春天的事，当时校领导找到我，让我负责这项工作，说是县委书记引进的项目，我心想肯定是招商引资、政府行为，就当作一项政治工作接了过来。那时根本不知道共同行动的性质、纲领，不知道共同行动是出资帮助贫困中学生的。

  参加共同行动，学校负责人必须到石家庄共同行动秘书处和魏先生当面交谈，商量相关事宜。记得是 2009 年 4 月的某个星期天，我和学校的主要领导乘车去石家庄拜见魏先生。路上想，魏先生肯定是西装革履，一身名牌，办公室装修豪华，坐在宽大的老板椅里，通身透着威严的气息。当日上午 9：00 我们到达石家庄市中山东路开元大厦 1801 室——共同行动助学基金会秘书处。这是一个很宽大的屋子，像我们的教室，但面积要比教室大，屋内有几个人办公，未见老板桌椅和我想象中的魏先生。说明来意，才知道在一个普通办公格里坐着的一位男士就是魏先生。仔细打量，魏先生高挑身材，不算魁梧，清秀面容，透着朴实干练，面带微笑，说话和蔼可亲。他问及我县的经济情况、我校的基本情况，诸如在校学生数、升入大学的学生数、学生在校的伙食情况等，主要给我们介绍共同行动是如何发起的，目前共同行动的规模以及发展愿景。我们就帮扶点的设置、工作的开展等向魏先生请教了许多，对共同行动有了许多的了解。交谈持续了近两个小时，魏先生始终面带微笑，耐心解答我们的问题。

  这是与魏先生的第一次近距离接触。

被罚

  共同行动成立之初，不像现在由共同行动秘书处直接把帮扶物品快递到帮扶点，而是要由各帮扶点到石家庄领取。我校距石家庄不足200公里，交通还比较方便，张家口市的康保中学离石家庄那么远，想必领取和运送物品就更困难、更麻烦。

共同行动帮扶物品的领取和发放一般安排在周六和周日，我校有一辆面包车，领取物品时，我常和我县的另一帮扶点育才中学的志愿者老师一块乘这辆车前往。领取地点一开始在石家庄市开元大厦1801室，当时在秘书处工作的只有蒋海玉老师一人，可是分发物品时却有很多人帮忙，有的负责这种物品，有的负责那种物品。帮扶点那么多，需要分发的物品种类这么多，但忙而不乱，忙而有序，几十个帮扶点帮扶物品用不了很长时间便发放完毕。事后才知道，参与发放物品的老师也都是各帮扶点的志愿者，这也算是志愿者中的志愿者。

把帮扶物品装上车，车里已经是满满当当，随行的志愿者老师便在车中随便扒出一小块可以容身之地，坐在车上，腿脚无伸缩之地，但一路行来，不觉辛苦。司机师傅曾说："咱们用面包车运这些物品，碰上交警查车，恐怕要挨罚。"师傅这样一说，我们才回过味儿来，客货不能混装。可是物品已装上车，在石家庄市内找物流中心也不省事，心想又是周末，哪那么巧遇上交警。到了邢台和衡水交界处，遇上交警查车，交警一看，果断"罚款"，拿出票便要开单子。我们赶忙诚恳地给交警承认错误，实事求是地解释为何会出现这种情况。交警同志弄清楚车上的物品是爱心人士捐赠给贫困生的，便收起了要开的罚单，但警告说："此次对你们不做处罚，但下不为例，一定要注意车速和安全。"我们连说谢谢。车子启动，我们内心深有感触，爱心和善心为天下人所共有。但从此我们不再用面包车运送帮扶物品。

纪念

2011年7月，我校第一批加入共同行动的30名学生毕业，离开了母校，离开了共同行动。共同行动秘书处要求每个帮扶点制作毕业生纪念册。志愿者老师便忙活起来，找照片，选取精彩瞬间，让学生填写相关信息，联系印刷厂，校对相关信息，采集学生照片。经过努力，精致的毕业纪念册制成了。纪念册印有共同行动纲领、学校志愿团志愿者简介、志愿者老师给学生的寄语、各种活动剪影、帮扶学生的精彩瞬间、个人毕业档案等。纪念册铜版纸彩印，全塑封，美轮美奂。现在翻阅，一些照片所记的活动如在昨日，仍感到亲切温暖。

找一名学生，再和他交流一次。帮扶编号：17023；赵子晗，男，1993年5月27日出生；生肖：鸡；身份证号：******************；星座：双子座；高考成绩：583分；家庭住址：故城县郑口镇；电话：*******；QQ：*******；E-mail:********；喜欢的书刊：科学类；喜欢的食物：饺子；专长：书法；喜欢的颜色：绿色；最大的梦想：研制中国航天器；喜爱的明星：周杰伦；喜欢的动物：狗；最拿手的歌：《稻香》；喜爱的电视节目：《说天下》；喜欢的运动：羽毛球。

录下纪念册中我当时写给被帮扶学生的寄语，算是对所有参加共同行动的培羽生的希望和祝福：

"亲爱的同学，你加入了共同行动大家庭，便揭开了人生书籍的崭新一页，从此以共同行动的至爱之笔记录人间的温暖，用师生共同行动的汗水来浇灌成长的沃土，用知识来播撒人生智慧和成长的种子。作为一棵幼苗，随着时间推移，渐渐枝繁叶茂，亭亭如盖，直至长成参天大树，开花结果。加入共同行动，使我们拥有了一段美好时光，收获了爱，收获了喜悦，收获了幸福。我们人生的这一页便绚烂多彩，成为永恒的美好记忆。"

请同学们牢记：共同行动的理念、精神和至善至爱需要我们去传承、光大。用共同行动传递的爱温暖自己，温暖他人，照亮人间。共同行动是一个大家庭。带着爱家之心上路，道路就不会有荆棘坎坷！带着善心去生活，人生理想的翅膀就永远不会折断！

■ （志愿团志愿者：贾静宇）

档案 2014-01

姓名	付红燕
性别	女
成为志愿者时间	2014 年 1 月
志愿者编号	0010306
志愿者背景	023 平乡县第三中学在职教师

志愿者服务语录

> 赠客人玫瑰，手留余香。在帮助学生的同时真的能感受到一种幸福的感觉。虽然没有报酬，也许很累，但是享受到的快乐，却是什么都换不来的。
>
> 付红燕

I grow with Peiyu students

我与培羽共同成长

023 志愿团
平乡县第三中学
付红燕

我是023平乡三中帮扶点的志愿者付红燕，2016年在胡树栋专职志愿者的介绍下，我加入了共同行动这个大家庭，成为一名志愿者。刚开始，只知道共同行动是由爱心人士成立的一个助力农村中学生、激励孩子们学习并不断进步的慈善机构，直到去年夏天我带领15名学生去参加全封闭式外教夏令营，我才完全体会到它是多么伟大、温暖的一个大家庭。

2018年7月21日，我满怀憧憬与期待，也带着些许紧张领着孩子们出发了。因为自己从来没有参加过夏令营，所以我对这次活动充满了期待。因为是第一次以带队志愿者的身份去，所以我对一切都比较陌生，又有些紧张。但是到那儿之后才发现我的担忧都是多余的，我们一下车，那些穿着黄色衣服的志愿者就热情地接待了我们，带着我们去登记，安排住宿、休息，给我们简单描述了夏令营的基本概况。由于是外教夏令营，考虑到学生的英语水平可能参差不齐，夏令营贴心地为他们准备了分班考试。分完班之后，孩子们就正式进入了夏令营模式，他们的时间安排得非常合理，早晨是文体空间，学生可以根据自己的爱好选择自己喜欢的项目，比如健美操、太极、高尔夫、乒乓球、足球、篮球等等。孩子们对这些项目感兴趣极了。白天是外教上课时间，孩子们上课的时候，我也会跟着去听课，外教们独特的教课方式深深地吸引了孩子们和我。他们每个人都听得非常认真，并且对英语产生了极大的兴趣。晚上是素质教育时间，社会各界老师给我们带来了很多净化心灵的精神讲座。一天下来虽然时间安排得很紧凑，但他们过得很充实。整个夏令营下来，孩子们的变化让我大吃一惊。刚去的时候，有好几个学生我都不认识，他们也由于羞涩不怎么同我说话。但是在夏令营期间我已经感觉到他们有很大的变化，晚上素质教育过后，他们总是给我讲他们一天下来遇到的有趣的事以及他们的收获。

九月份开学后，有一天胡玲艳同学过来找我，给了我一个大大的拥抱，她说她特别感谢共同行动给她这个机会去参加夏令营，她说自己回来后，身边的人都说她变得开朗、自信了。她还下定决心要好好学习，希望我能帮她补习。我没有考虑就答应了。现在她每天在课余时间都会过来找我学习、问题，成绩也有了明显的提高。以前她是慢班的，经过自己的努力，她考进了快班，现在我们就像家人、好朋友一样。

同时我也要感谢共同行动，让我体会到除家人、朋友之外的来自另外一个家庭的温暖，也让我能为这些孩子们尽一些自己的微薄之力而感到幸福。

■ （志愿团志愿者：付红燕）

档案 2009-12

姓名	赵鹏
性别	男
成为志愿者时间	2009 年 12 月
志愿者编号	0010234
志愿者背景	027 河北衡水中学在职教师

志愿者服务语录

在共同行动光辉指引下，用我双手在培育学子实现梦想的道路上助力前行。

志在、愿在、我在

Hope my efforts can help you to realize your dream

愿我的努力托举你的梦想

027 志愿团
衡水中学
赵鹏

2009年11月，衡水中学与共同行动基金会牵手成功，共同行动027衡水中学帮扶点建立，而我也有幸成为一名共同行动志愿者，志愿者编号：0010234。面对陌生而烦琐的工作，我的脑子里毫无头绪，心里充满了紧张和不安，然而即使在最艰难的时候，我也从未想过放弃，因为我感觉自己的每一次行动都可能改变一个孩子甚至一个家庭的命运。

中学时代的孩子们，未来拥有无尽的可能。我所陪伴的孩子们是锐意进取的，对于未来有着美好的憧憬，并不断进步，去接近他们的梦想。他们不应该因物质的拖累而在人生的起点落后，不应该因视野的限制而无法描绘未来的蓝图。同时，这群孩子对于外界的善与恶、美与丑往往都有着更显著的反馈与更敏感的认知，饭费、生活学习用品的帮助、精神力量的支撑可能改变他们命运的轨迹，共同行动大家庭的温暖可能给予他们面对逆境的力量，同时一些不经意之举也可能会伤害他们还未成熟的心灵。面对这样一群孩子，我深感自己肩头的责任之重，一切都令我不敢停下脚步，也令我不断感受到包括自己在内的志愿者的价值而更加热爱这份事业。

一边是从未接触过的工作，一边是需要帮扶的孩子们，没有太多时间让我一步步学习，只能加班加点地自我学习、向其他帮扶点学习，以及积极接受共同行动助学基金会工作人员的指导与培训，以求能让自己成长的速度快于孩子们长大的速度。我不敢松懈，从零开始探索，并尽自己所能把每一件事逐渐做到自己的极限：学习、落实共同行动的相关管理制度与要求，一步步推动我们027衡水中学帮扶点接受助力的孩子们组成一个管理有序的大家庭；关注每一位接受帮扶孩子的学习、生活情况，为他们的成长提供助力，为他们的学习、生活提供更全面的护航。每年申请组织"爱在中秋"活动等，让孩子们感受到共同行动大家庭的温暖；邀请已毕业的共同行动的鸿雁们归来，给那些还在高中阶段的培羽生做些分享，以过来人的角度引导他们更好地前行；积极推动培羽生的相关实践活动，以使孩子们能够以一个更宽广的视角来畅想未来、看待世界，从红旗渠到井冈山，从首都高校到中国科技馆，期望这些活动给予他们力量与启迪……

回首过去，马上要十年了。这十年间，从一点点摸索到成为优秀志愿者，从普通志愿者到一名专职志愿者，把一件件不熟悉的事情变的熟悉，又渐渐地把它们变成了我不可分割的一部分，承载着我的希冀，给予我欢喜。这十年似乎很短，在不断奔

波、忙碌中，转瞬即逝；这十年似乎很长，一批批求学的孩子、受共同行动助力的孩子已经从中学走向大学，从大学走向职场，截止到现在，已经有1152名培羽生在共同行动和志愿团的关怀下，结束了高中阶段的求学，并心怀感恩，坚定有力地走向更广阔的远方。见证这一切，对于自己和共同行动的其他志愿者来说，都是莫大的幸福。

在更多的十年，愿我的努力能够助力更多孩子，助力他们心怀感恩地抵达他们梦想的彼岸。

■ （志愿团志愿者：赵鹏）

姓名	甄朝净
性别	女
成为志愿者时间	2019 年 6 月
志愿者编号	Z023002
志愿者背景	023 平乡县第三中学在职教师
志愿者服务语录	

你若相信崇高，崇高便与你同在。
共同行动是一批有梦想、有崇高情怀的人。
共同行动助力农村进步中学生，能成为其中一员是我的荣幸。

甄朝净

携爱前行 共同行动

Joint Action moves forward with love

023 志愿团
平乡县第三中学
甄朝净

我是来自平乡县第三中学的甄朝净，很荣幸成为一名共同行动的专职志愿者。我一直坚信，你若相信崇高，崇高便与你同在。我深刻地了解了共同行动公益组织的由来、现状，深入学习领会了"精准助力能进步的农村中学生健康成长"这一共同行动纲领。尤其是我校学生在共同行动的帮扶下取得的进步让我明白，学生不仅获得了物质上的帮扶，还受到进取精神的鼓舞。

共同行动秉承物质帮扶、精神慰藉相结合的帮扶战略，不仅为学生提供帮扶款、生活用品、学习用品，还策划组织夏令营、冬令营、公益出版、助学助教、爱在中秋，让孩子们在活动中开阔视野、增强自信，惠及数十万农村学子。2018年我帮扶点学生参加了共同行动组织的夏令营活动。作为农村学生，他们有了与外教交流的机会，第一次尝试打高尔夫，第一次参加团建，孩子们有了太多的第一次。在夏令营中孩子的综合素质得到了提升，增强了团队意识，和五湖四海的学生交了朋友，阳光自信的微笑绽放在每个学生的脸上。作为志愿者，为学生服务是一种莫大的幸福，衷心感恩共同行动给我们提供了这样一个平台。

1505班有一个女孩叫郭子琳，她性格内向，在家中排行老大，家里有一个脑瘫的妹妹，还有一个年幼的弟弟，爸妈只能靠家里几亩薄地，偶尔出去打零工生活。家庭困难的她自强进取，我积极鼓励她申请共同行动培羽生，指导帮助她写申请书，并积极推荐她成为共同行动大家庭的一员。在共同行动的帮扶下，加上学校的贫困生补助，她整个初中没有向家里伸手要一分钱，成绩也在节节攀升。共同行动的帮扶是她进步的一大动力，她感恩现在的一切，认为自己在学校生活特别幸福，她说："如果没有共同行动，我也许就不上学了，所以心存感恩。"作为一名志愿者，我看到一个善举托举了一名学生的未来，同学们自信、进步是我的骄傲。

"雏雁成长"工程、"鸿雁伙伴"计划将学生的上学、就业串联起来，使他们尽早自立自强，有能力实现爱心传递，成为社会公益链的参与者。青年学生是祖国的希望与未来，孩子们在共同行动爱的滋养下成人成才，积极弘扬社会正能量，践行社会主义核心价值观。

在活动中，我们亲如一家，志愿者之间相互尊重、相互关心、相互鼓励、密切配合，锻炼了自己的能力。在传播公益中我不断提升自己，获得无限的心灵财富，经历了很多让人难忘而有意义的人生体验，在奉献中体会到幸福。

■ （志愿团志愿者：甄朝净）

姓名	翟亮
性别	男
成为志愿者时间	2010 年 5 月
志愿者编号	0010231
志愿者背景	033 河北新河中学在职教师

志愿者服务语录

光阴里的共同行动，红了樱桃，绿了芭蕉，故事里我们，旗正飘飘，马正萧萧。

翟亮

春天的故事

The story of spring

033 志愿团
新河中学
翟亮

一、冷

初春的清晨依旧很冷，远处不时传来一两声爆竹的声音，一辆银灰色的小轿车行驶在乡间的公路上，轮胎压着厚厚的积雪，发出咯吱咯吱的声响。

车上坐的正是033志愿团（新河中学）的领航志愿者曹长春老师和专职志愿者李飞老师。"学生过完年开学没有返校，班主任也没上报？"曹长春老师用略带责问的语气说道，"承包这个学生扶贫工作的县领导询问我情况的时候，我还不知道发生了什么呢，咱们的工作做得很被动啊。"李飞老师已听了一路的批评了，早已默不作声了，谁能想到一个高三的学生，开学和班主任请假晚来几天，竟是辍学去打工了。

几经辗转打听，两人终于站在了韩金志同学的家门口。这是一座20世纪70年代农村建造的"集体房"，蓝色的墙砖、老式的拱门、风雨侵蚀下斑驳的墙体，与周围建筑格格不入，若不是看到门前贴的鲜红春联，会以为这是一座无人居住的房子。

韩金志同学的父亲听说来家的是孩子的老师，特别激动，连忙把两位老师往屋子里面让。"我这眼是不行了，好几年了，就是凑合着瞎看，要不不行啊，家里这一大摊子事情都得我干，他娘一直瘫着，家里也没收拾，乱七八糟的。老师们坐啊，我给咱倒点水。"老父亲用淳朴的略显土气的话语，有些语无伦次地说着，大概是想要解释家里简陋又脏乱的尴尬。两位老师看到空旷的屋子中间生着一个小蜂窝煤炉子，靠北墙的一套破旧的小沙发，靠东墙一张床就已经是家里全部的陈设了。

床上半躺着的是韩金志同学的母亲，和老父亲同样花白的头发、憔悴的神形，五十多岁的夫妻俩看起来却像七十多的。"你说我这样，他爹眼又坏了，这些年地里的活全靠俺金志呢，你说是收是种，是收秋是种麦。看人家的孩子没事就出去玩去了，就没叫俺孩子玩过一天。"说着话，老母亲就哭了起来，老父亲则在一旁不断地长吁短叹着："孩子是个好孩子，让俺们这个家给拖累了。"

二、痛

"今儿这天还真冷啊！曹老师电话里

说的是这家店吧?"

"应该是。曹老师他们一早就赶去韩金志同学家里了,结果孩子没在家,刚才曹老师在电话里可给咱俩下死命令了,不管怎样,今天上午必须把韩金志同学带回学校。"说着话,033新河中学志愿团的贾东晓老师和翟亮老师停好了电动车,走进这家县城边的小饭馆。

确实是这家店,两位老师一进门就看到了大厅中间一边若有所思一边收拾着什么的韩金志同学。见是学校老师走了进来,韩金志同学立马像个做错事情的孩子一样满脸通红,扭捏地站在原地不知所措起来。

"金志,你让老师们好担心啊。还有一百多天就要高考了,快跟我回去吧,学校已经决定把你的学费、书费、住宿费全都免了,不用你打工了。"说着贾东晓老师就要拉着韩金志同学往外走,"翟老师,你去找饭店老板结算下金志的工钱。"

"老师,我不能走,谢谢老师们的好意了。我何尝不想回到教室和同学们一起学习,我又何尝没有一个大学梦啊,可我是一个过年都不能回家团聚的人,还有什么资格谈梦想。年前家里就已经一分钱都没有了,是我来这儿打工并向老板预支了一个月的工资,才让爹娘把年过下来。我也想清楚了,从今天开始爹娘就由我养活了,大学我就是考上了也没办法去上的,这也许就是我的命吧,我认了!"一颗滚烫的眼泪闪着亮光掉在地上,摔出了一个少年梦碎的声音。

三、晴

虽然从开元大厦1801室的窗户望出去外面的天气还是有点阴暗,但共同行动秘书处内却早已热闹起来,对于033新河中学志愿团一行的突然到访,共同行动助学基金会魏先生和秘书处的老师们给予了热烈的欢迎。

"最后我们总算是把韩金志同学带回了学校,可他家庭的状况确实堪忧,如果不能妥善解决,恐怕孩子还是要辍学的。"曹长春老师开门见山地向秘书处老师们介绍着韩金志同学的情况,"我们也知道咱们共同行动是帮扶学生的组织,是不开展家庭生活困难方面的扶贫工作的……"

"咱们共同行动的宗旨就是精准助力能进步的农村中学生健康成长,就是要帮扶那些需要帮扶、值得帮扶的同学，韩金志同学的情况完全符合咱们共同行动的帮扶标准嘛。"魏先生说话永远都是那么的有条理、有魄力，"我们的帮扶工作不能拘泥于形式，只要是孩子求学过程中遇到的问题，都属于我们帮扶工作的范畴。"

不知道什么时候天已经放晴了，太阳照得人们身上暖洋洋的。走出大厦的曹长春老师不禁抬头看向洒满阳光的天空，显得心情特别舒畅："晴天真好，感觉整个世界都明朗了起来！"

四、信

尊敬的胡梅阿姨：

您好！

我叫韩金志，是共同行动033新河中学帮扶点高三年级的一名帮扶生。我曾经因为家庭原因，有过放弃学业的念头。学校领导了解到我的情况后，给了我最大限度的支持，我申请加入了共同行动。在这儿，我也要感谢共同行动秘书处老师们通过了我的申请，及时向我伸出了援助之手。

当我上网进行帮扶金确认的时候，我看到了一个名字：胡梅，我深深地记下了这个名字。我想您应该是一位长得特别慈爱的阿姨，我好想见上您一面，当面向您道一声谢谢！可我现在还只能先给您写一封信，来表达我的美好祝愿和感激之情。在余下不多的高三时间里，我一定会好好学习，绝不会辜负您对我的期望；将来我也一定常怀感恩之心，回报社会，回报共同行动和您的善心。最后，祝您工作顺利，万事顺意，积善之家必有余庆。

此致，敬礼！

您帮扶的一名学生：韩金志

五、后来

又是一年春来到，河北机电职业技术学院的校园内一片生机盎然，甬路旁的红色条幅下聚集了一群朝气蓬勃的大学生，大一电气自动化班的韩金志同学正和同学们一起为成立"河北机电职业技术学院共同行动公益社团"而做着宣传工作。

"同学们，请你记住，咱们共同行动帮扶过的学生不一定是最优秀的，但一定是努力进取的榜样，传递爱心的使者。"讲完最后这句话，韩金志同学会心地笑了，因为这句话是033志愿团（新河中学）老师教给他的价值观，也是第一次见到胡梅阿姨和魏先生时他们对他的叮嘱。

■（志愿团志愿者：翟亮）

姓名	李广元
性别	男
成为志愿者时间	2012 年 9 月
志愿者编号	0010967
志愿者背景	034 馆陶县魏僧寨中学在职教师

志愿者服务语录

人生在于付出，幸福源于奉献。作为一名共同行动志愿者，关注培养生成长，帮助他们进步，看着他们慢慢的羽翼丰满，变为一只只回归的鸿雁，实现爱的传递，是我一生中最快乐的事！

李广元

我在默默地看着你

I am accompanying you in silence

034 志愿团
魏僧寨中学
李广元

今年七月，我来到石家庄，第二次成为共同行动夏令营034魏僧寨中学的带队老师。

掰指算来，成为共同行动志愿者也已五六年了，也是因为我的电脑技术和摄影爱好，才能和共同行动结缘。我也恰好发挥了自己这方面的"优势"，用相机记录了我们学校的点点滴滴。

拍照也仅是爱好，拍得多了，多少也有些感觉了。首先是记录。这次活动，我就从学生上车开始拍起，然后是到站，物品发放，学生吃饭，各种活动，一直拍到从石家庄回来……

家长相送时的恋恋不舍，学生到石家庄后的兴奋新奇、参加多彩活动时的快乐满足、每天活动后的满满收获，都落到我的眼里，然后我制作美篇发到034魏僧寨中学2019年共同行动夏令营家长群中。孩子很快乐，我也很快乐。

活动中，我一路奔跑，寻找更佳的拍摄位置，尝试更新的拍摄角度，选择不同的拍摄主题，以求全景式地表现共同行动夏令营的风采。我也把自认为好的图片发到带队志愿者群中。可喜的是，照片受到了范老师的肯定，也得了其他志愿者的好评，对我来说真是莫大的鼓励。

课堂是多彩的，我就步入各个教室，抓拍外教的上课风采。这些"老外"们表情非常丰富，动作也十分夸张，整个人活力四射。当我走进教室的时候，外教还会用蹩脚的中文说："你好！"

能拍的我都拍了下来，我想用相机留住他们，记住一个个美好的瞬间。

每天早晨都有不一样的文体拓展活动，搏击、武术、柔道、体操，里面满是力量和美，这也是拍照的好时机。

家长最盼望的是能看到自己的孩子在夏令营的表现，因为分班，能拍到他们的

机会不是很多，我就去寻找，实在不行，就在吃饭后给他们拍肖像照。我说，你们要露出牙齿，面带微笑，我要把你们最美最幸福的表情拍出来。

通过夏令营活动和秘书处老师接触多了，看到他们真像亲人一样。他们也在默默地付出着，也深深影响着现场的每个人。瞅准机会，不知不觉就抓拍一张。拍照就应是偷偷的，要不就不自然了。把他们拍下来，也是为了能经常见到他们。遗憾的是，我还不够主动，秘书处的老师没有拍全。

整个夏令营活动都是在满满的爱中进行的，数不清的志愿者、爱心人士都在付出，都在奉献，都是为了我们的孩子，为了我们的未来。

其中最感人的是，时间一天天过去，马上到分别的时候了，于是有很多人都在找几天来一直教他们的老师签名，文体活动时抓住机会和"明星"们合影。

这些机会我也不会放过。

最后快结业的时候，我就给帮扶点学生拍合影，为了拍好，也动了不少脑子。

整个活动我拍了近千张照片，里面却很少有我，不过我不遗憾，利用自己的特长给所有的人服务，作为一个志愿者，参与其中，我心里真是高兴！

■ （志愿团志愿者：李广元）

档案 2016-09

姓名	赵俊坤
性别	男
成为志愿者时间	2016 年 9 月
志愿者编号	0010286
志愿者背景	034 馆陶县魏僧寨中学在职教师

志愿者服务语录

孩子的进步就是我最大的快乐，大家一起努力加油！

帮扶点的工作一直挂在心上，时刻准备把爱心工作做好，做出色！

I feel deeply proud of being a volunteer of Joint Action

做共同行动志愿者我自豪

034 志愿团
魏僧寨中学
赵俊坤

2009年，馆陶县魏僧寨中学成为河北省共同行动助学基金会的034号帮扶点。十余年来，帮扶点领航志愿者换了三名，专职志愿者也更换了四名，但不变的是：无论谁负责这项工作，都兢兢业业做到了最好。

2016年，由于工作需要，我成为一名共同行动专职志愿者，开始做共同行动034魏僧寨中学帮扶点的服务工作。

清楚地记得，那是开学后的第二天，我既兴奋又有压力。兴奋是因为从这一天起，"志愿者"这个词第一次用到了我的头上，我从没有"品尝"过当志愿者的滋味。"共同行动"是什么，"志愿者"是干啥的，这是我急需搞清楚的两个问题。

那天晚上我没有睡着，连夜登录网站，学习指南，浏览文章，如饥似渴地深入了解共同行动助学基金会的相关信息。

夜已经很深了，可我却毫无困意，越看越激动，一笔笔捐款，一批批受帮扶的孩子，一篇篇发自内心的感谢文章，这是怎样的一个组织？我仿佛看到散在全国各地无数闪闪发光的金子般的心。这是一群不知名的爱心人士组成的爱的家庭，我应该为自己有幸成为其中的一员而感到自豪！

渐渐，我感觉到肩上沉重的责任。

如何不辜负爱心人士爱的初衷，把志愿团的工作做得更出色？如何履行承诺，体现共同行动宗旨，带领志愿团成员工作？如何帮扶那些值得帮扶的孩子，让他们不断进步，早日成为一只只大雁？又如何让他们归来，把爱心继续传递……

我暗地里下定了决心，要做就做一名优秀的专职志愿者。

以后的日子里，我经常把志愿团的志愿者召集在一起，共同商议034魏僧寨中学共同行动的相关工作，制定下一步的工作计划，交流做一名共同行动志愿者的感受，大家在一起互相鼓励，共同进步。

我觉得做一名志愿者是一个人人生价值的提高，需要放下小我，走向大我，这是一个人格局的大变化。这种变化将会影响以后所有的工作和生活，会越来越有成就感，越来越有幸福感。

为给这些孩子做好服务，我们更多地把感恩教育、做人做事习惯放在首位。每次活动，都引导培羽生感恩，让学生感受爱，认识爱，理解爱，并承诺去传递爱，同时激励他们进步，做一个有爱的能力的人。

为了激励培羽生更快进步、茁壮成长，我与志愿者们抓住一切机会，清明节和学生一起去扫墓缅怀先烈，端午节和学生一起吃粽子思念屈原，母亲节让学生用实际行动来表达对母亲的爱，国庆节用演讲和歌声表达对祖国的热爱，新成员加入举办物品领取仪式，成绩分析，助力中考，为孩子们进行心理疏导……

我们鼓励培羽生积极参加学校组织的各种文体活动和共同行动组织的各项爱心活动，以树立自信。

每次活动，我们都积极准备，提前做了大量的工作，引导、教育学生，和培羽生一起重温誓词，共同体会心情的激荡与澎湃。

每个志愿者都肩负着学校大量的工作，很多共同行动的日常工作都是在工作之余甚至星期天加班来完成的。没有谁抱怨，也从来没有谁感觉累，因为我们是共同行动的志愿者，志愿团的每个人都有一个信念，我们要把阳光、自信和爱的种子，种到孩子们心里……

培羽生中不少是农村贫困家庭孩子，这些孩子更需要关爱。为了关心这群孩子，帮他们树立自信，志愿者们利用节假日，自筹资金带着名著、年货、奶，深入受资助的孩子家中去慰问，和孩子们一起谈理想，谈学习。

常看到孩子见到老师到家后的惊喜，拿出自己平时不舍得吃的东西，双手递给志愿者老师；看到家长也激动得不知所措，招呼孩子给老师倒水沏茶，留老师吃饭……没有做过共同行动的志愿者，如何能体会这种来自心底的温暖？

更让人感到喜悦和满足的是和培羽生一起去夏令营的那些日子。2017年、2018年、2019年，我们034魏僧寨中学帮扶点连续三年申请、参加了共同行动夏令营，让农村孩子第一次接触外教，第一次去大剧院看演出欣赏高雅的艺术，第一次参观博物馆看历史书上才能看到的文物，第一次乘坐地铁，第一次到科技馆开阔视野，收获知识，第一次聆听大师们的素质教育课程，第一次与史冬鹏、赵颖慧冠军面对面沟通、学习……农村的孩子不知经历了多少人生的第一次，也有很多是带队志愿者老师的第一次。

不是共同行动培羽生，不是共同行动的志愿者，谁会有这样的待遇？

最能"品尝"到共同行动爱心人士爱的香甜的是每年的"爱在中秋"活动。志愿者买来红红的苹果、黄黄的香蕉，学校提供丰盛的免费晚餐，还有来自远方的亲人的看望及别有滋味的爱心月饼，饭后还能欣赏丰富多彩的文艺表演。

不是培羽生，不是志愿者，谁又能品尝这种特别的爱的滋味！

作为一名志愿者，亲历其中，和孩子们一起幸福，一起成长，能不觉得骄傲吗？

最让我激动和难以忘记的是2017年4月，我们志愿团邀请秘书处老师和爱心人士来帮扶点给孩子们授胸牌，2300多名家长参加，聆听秘书处老师宣讲共同行动基金会的情况；2019年3月，共同行动秘书处不远几百里从石家庄赶到034魏僧寨中学，举行卓异奖颁奖仪式，0340429宗森同学多么的荣幸，她成为首批卓异奖获得学生之一；每年一次的志愿者年会，爱的大家庭在石家庄相聚，我们见到了敬爱的魏先生，很多爱心人士，很多同行志愿者，每次参加，感受到的都是满满的温暖和爱意；连续两年年会上，登上领奖台从魏先生手里接过"优秀志愿团""优秀专职志愿者"的证书，这又如何能忘记……

这种心灵的净化，工作的满足和幸福，不是共同行动的志愿者，谁又能体验到？

由于工作开展得扎实有效，共同行动助学基金会已经深深地被周边老百姓熟知，很多孩子以加入共同行动为荣耀。

我们就这样一直满足和幸福着。

做一名共同行动志愿者，我自豪！

■ （志愿团志愿者：赵俊坤）

档案 2010-09

姓名	张红卫
性别	男
成为志愿者时间	2010 年 9 月
志愿者编号	0010153
志愿者背景	037 涉县鹿头中学在职教师

志愿者服务语录

共同行动，与你同行。携手勠力，心净羽丰。难忘的共同行动之家时光里，我收获了幸福，拥抱了快乐！

张红卫

From passivity to love

从被动到热爱

037 志愿团
鹿头中学
张红卫

　　那是2010年的暑假，我在学校值班时，张彩江校长和几个班主任在整理一些材料，需要在电脑上完成，我就过去帮忙了。看到十几个表格，每个表格的表头都有"共同行动"四个字，从此我认识了"共同行动"，也开始了自己"共同行动志愿者"的生涯。回首一看，到现在已经经过了10年，而我参加工作也10年了，写到这里我才发现，我的工作生涯也是为共同行动服务的生涯，如果可以，我会在退休后继续为共同行动服务。

　　我从鹿头中学设立帮扶点之日起，跟随共同行动一步一步走来。记得起初的几年，每年暑假都去石家庄找秘书处蒋老师，提交新加入受帮扶学生的共同行动申请材料，并领取帮扶物资，还清晰记得蒋老师带我们去小屋子、地下室，一件一件地清点帮扶物资，蒋老师那庞大的身躯、淌着汗水而锃亮的光头非常让我难忘。我记得那时候干什么都是找蒋老师，最怕的是蒋老师在QQ上给我发语音，因为我觉得自己的帮扶工作总是做不好，每次结束通话我都长舒一口气："蒋老师没有批评我，我得赶快把出现的问题纠正过来！"

　　虽然我电脑运用比张彩江老师熟练，但是我也非常欠缺各种技术和知识。从共同行动建立到现在经历了多次网络平台改革。第一次改革是让帮扶点在网站设置本帮扶点的各项大目录，把以前的内容都做好链接以及对新内容进行添加等等，这段时间也是我头疼的一段时间，但是想办法把所有任务都做好后，我很开心！还有一次改革是网站平台全面改革，极大地便利了志愿者的帮扶工作，特别是成绩提交这一块，直接上传成绩后系统就会自动计算出帮扶学生的成绩动态和资金数额。

　　我记得在2017年2月份，开学时要提交期末考试成绩，因为这时爱人要生孩子，我提早就把期末考试成绩提交了，当时爱人正在产房，秘书处给我打电话让我重新上传期末考试成绩，我给秘书处解释说当时情况紧急能不能等等，秘书处就马上联系其他学校的志愿者老师帮我，让我把表格发送给兄弟学校的志愿者老师，请人家帮忙完成了成绩上传和提交。我非常感谢秘书处老师的理解和兄弟学校志愿者老师的帮助，从那时开始我也更感受到共同行动大家庭的温暖。

从2016年开始共同行动有了隆重的年会。我从参与帮扶点的志愿者工作开始从来没有想到共同行动会发展到如此宏大的规模，也从年会上零距离看到了大集团董事长、县委书记、温总理接见过的校长等等各行业的知名人士，他们都在共同行动大家庭中一起做慈善，我深感自己做的不仅仅是志愿工作，也是伟大的慈善事业！年会让我倍受鼓舞，我更加体会到自己的服务工作的价值！

说一千道一万，道不尽自己十年来工作的各种感受，总之我从开始被动地做帮扶点的工作，慢慢地认同，直到现在达到了热爱的程度。我的工作生涯也是为共同行动服务的生涯，虽然有时候比较累，但是我很开心，因为共同行动的成长陪伴了我的成长，不知不觉，每天不登录共同行动网站总会有一种莫名的空虚感和失落感。我相信，虽然自己能力有限，但是只要自己努力做志愿服务，总会做好！

■ （志愿团志愿者：张红卫）

姓名	郝子玉
性别	女
成为志愿者时间	2016 年 11 月
志愿者编号	0010308
志愿者背景	038 涉县西戌中学在职教师

志愿者服务语录

真诚地帮助别人为我们带来喜悦与满足，能够帮助农村里的孩子进步，走出大山，让我感到无比荣耀！

郝子玉

愿与你一路同行

I wish to be with you all the way

038 志愿团
西戌中学
郝子玉

第一次听到共同行动这个名字，是在2017年的一次学校会议上，王志刚老师问："有老师自愿加入共同行动，成为一名志愿者吗？"我一听志愿者三个字，立刻有了兴趣，会后我兴致勃勃地找到了他，王志刚老师告诉我，共同行动是一家民间公益组织，专门帮扶愿意进步的农村学生。听到这些，我心里就做了决定，我，要成为一名专职志愿者！

"志愿者"这三个字，在我的心中一直是神圣和令人向往的，从前看到在地震中帮助受灾民众的志愿者，在边远苦寒地区支教的志愿者，帮助残疾学生和孤儿的志愿者……我的内心深深地敬佩他们，因为他们，我感受到一种来自人性的震撼。志愿者，是不求回报、利国利民的神圣角色，也是最善良最纯粹的一种体现。因此，成为共同行动的志愿者，我无比光荣。

第一次见到共同行动的孩子们，是在暑期夏令营的通知会上，在见他们之前，我有很多的幻想，这些孩子们是不是不善言辞？是不是不太自信？他们的学习成绩好吗？他们愿意走出大山参加夏令营吗？见到孩子们的时候，我的想法完全被改变了，他们是多么自信、热情的一群孩子呀！看着他们脸上洋溢的微笑，从他们自信的言谈之中，我真正认识了培羽少年。

我想，这就是共同行动带给他们的力量吧。

从这之后，我真正成为共同行动038志愿团的一员，成为孩子们的爱心姐姐，成为一名真正的志愿者。作为一名主课教师，还担任班主任，学校的工作非常繁忙，但是在处理共同行动的事务时，我却甘之如饴。从暑期夏令营，到欢乐中秋，到元旦晚会……我与共同行动的孩子们和志愿者度过了一年中的每一个重要日子，我们已然成为一个真正的温暖之家。

这个共同之家只是038帮扶点吗？当然不是，这个家还有共同行动助学基金会的志愿者老师、爱心人士，还有其他帮扶点的所有孩子们！我们真真正正是一个"大家庭"！

与秘书处老师虽然见面次数不太多，心里却十分亲近，因此当老师们来我们帮扶点看望孩子们时，不到一分钟，初见的尴尬便消失无踪。短短两个小时的会面，秘书处的老师们教给了孩子们许多年都无法学到的东西。老师们讲自己的梦想、经历，鼓励孩子们不要甘心做一棵"小草"，要有成为"参天大树"的梦想。就在那天之后，我发现好几个培羽少年都变了，他们在课堂上更加活跃，脸上的笑容更加灿烂了。我想，这就是一种力量，一种温暖的爱的力量，共同行动的每一个志愿者都有这样的力量。

在今后的日子里，我想跟共同行动一同前行，为愿意进步的农村孩子们创造更美的一片天空。

∎（志愿团志愿者：郝子玉）

姓名	李洁
性别	女
成为志愿者时间	2017 年 6 月
志愿者编号	Z038003
志愿者背景	038 涉县西戌中学在职教师

志愿者服务语录

当感受到florida省共同行动助学基金会为中国乡村教育所做的一点一滴推动时，我毫不犹豫地加入了，为中国乡村教育发展而努力吧！

李洁

与你同行 共我人生

Go along with you, live our lives together

038志愿团
西戌中学
李洁

机缘巧合，我成为共同行动038西戌中学志愿团的一名专职志愿者。

从此，月月报月报，报成绩，给同学们卡里充钱，安排领取帮扶物品……之前对共同行动的理解仅止于此。

真正地认识共同行动——河北省共同行动助学基金会，则是从2017年的第一个暑假之约开始的，继而2018年的那个夏天加深了对它的理解。

古语有云：勿以善小而不为。力到处常行好事。

……

但是，言善易，行善难。日行一善易，经年行善难。

当我见到真实的秘书处的魏先生、范文燕老师、郭玉玲老师时，发现真的有人能认真地、富有耐心地、持久地去实践一个又一个的小善良。在他们一心为孩子们的热情带动下，回归的鸿雁们——曾经的受帮扶学生，如今的驻营志愿者，真人版的"小黄人"，做起事来皆是热心、耐心、爱心。

2017年夏令营里，有一名同学浑身起疙瘩，驻营志愿者特别谨慎小心，要带这位学生去看医生。秘书处刘新举老师一听这名培羽生的名字，突然想起来他在网站上填写的资料中说是有先天性心脏病史，得联系家长，怕他在石家庄有什么意外情况。当时，刘老师说起这件事时，满是对孩子的担心。而我，听到这里，心里一震，038帮扶点区区几十名孩子我都对不上号，而全省那么多被帮扶学生，刘老师和他们都素未谋面，为什么一听名字就知道谁是谁，谁怎么样。可见，他们是对孩子们上了心，用了意，不是图什么，是真的从内心深处希望孩子们好。

自此之后，面对038西戌中学的孩子们，我不似之前完成任务般地去执行"命令"，完成"指示"。而是像刘老师那样，真的用心动情地记住每名培羽生的名字，了解他们的家庭情况，组织每一次活动，召开每一次考前动员会和考后分析会，鼓励他们向着更高的目标、更远的方向前进。当然，在这个过程中，我也深深地收获了属于自己的满足感、获得感、幸福感。看似在帮助别人，何尝不是在成就自己呢？

与你同行行善之路，携手过留余香的人生。

其实来到西戌中学以后，确实感受到不论硬件，还是软件，包括整体氛围，城市与农村在教育资源上的巨大差异。从出生开始，农村孩子们的发展就受到方方面面的限制，进而局限了他们宝贵的一生。所以，文末还是要对河北省共同行动助学基金会的发起人和致力于农村教育的志愿者老师们表示由衷的感谢和敬意。功在千秋的善事，能够日复一日地做，受教了！

■（志愿团志愿者：李洁）

姓名	赵义斌
性别	男
成为志愿者时间	2010 年 9 月
志愿者编号	0010170
志愿者背景	039 涉县索堡中学在职教师

志愿者服务语录

因为人间有爱，所以没有永远的黑夜，在黑夜之后就是黎明；心里有感恩，所以没有漫长的寒冬，霜雪过后，春天便会来临。做新时代的志愿者，无悔青春。

赵义斌

用心沟通 温暖少年心

Communicate with heart, warm the hearts of teenagers

039 志愿团
索堡中学
赵义斌

除了教师，我还有一个身份——039索堡中学帮扶点专职志愿者。除了繁杂的教学工作，我的肩上又多了一份责任，也有幸结识了一批又一批的培羽生。走进他们的内心世界，我收获了满满的感动。

过去我只是负责文化课教学，关注的只是学生的成绩，对学生的思想状态和心理变化很少过问，埋头只做教书匠。送走一批又一批的学生，可是留下深刻印象的并不多，毕业后能联系的弟子也屈指可数，心里不免有些失落。

从加入共同行动这个大家庭，担任共同行动志愿者以后，因为帮扶工作需要，我与学生的沟通开始多了起来，其中还包括好多自己班级之外的学生，留下了很多值得珍藏的记忆。

在我的帮扶学生中，有一个男同学叫董梁，考试成绩不知为何出现了巨大波动。为了解开这个谜团，我在默写时特意留心并在班里展开调查，终于发现原来他平时默写时作弊，有时将小抄写在桌子上，有时夹在指缝里……简直就是无所不用其极。

小董这样的学生以前我也曾遇到过，不过他表现得更激烈些。他是一个十分要强的学生, 虚荣心非常强。因为他是班干部，在同学中有一定的威望，而且共同行动要求其不断进步，所以他不自觉地将自己的目标定得很高，要求处处给同学做表率，每次考试绝不能后退。但同时他又十分浮躁，目光短浅、自欺欺人，幻想不劳而获。按照心理学原理，其实他这样做，恰恰说明他心虚，是不自信的表现。

以往遇到作弊事件，我一般会直接在班里不点名将事情描述一番，然后全班一起分析原因，指出这种"掩耳盗铃"行为的危害，促使当事者改正，并且要求大家一起监督。另一种稍微缓和些的做法就是将其叫到办公室，私下交流督促。可是小董个性张扬、崇拜英雄，自认为是班里"最有男子汉气概"的，喜欢说大话，是典型的"顺毛驴"，只喜欢听表扬，越表扬越来劲。我冷静观察了他一周，他似乎意识到什么了，刻意表现得很好。既然这样，我决定暂且不揭穿他，先让他"假装"。装的过程就是好习惯养成的过程——"装"习惯了，也就成真的了。这样会帮助他真正强大起来。

为此，我在课堂上总结期中考试时，提到有些同学在大考中心理过于紧张导致成绩不理想，并有意识地提到小董："小董同学平时的语文成绩是咱班的'一哥'，这次考试'马失前蹄'，但是我们大家都相信他的实力。"听到我这番话，教室里瞪大眼睛的不仅仅是小董，数十双眼睛里满是惊诧。放学以后，我又特意找到小董，拍拍他的肩膀："小董，压力不要太大，我相信你的实力和潜能，你平时默写全都会，这次是太紧张了。看来你要好好调整一下心态，要记住，你是咱们班的学习风向标，不能因为一时的挫折就放弃。我看好你，不要让我失望啊！"这个倔强的男孩都快哭了……我知道，这是我最成功的一次"言不由衷"，却给他注入了催化剂，我的"善解人意"会使他没有退路。

他后来在周记里写道："我不敢停下来，也没有时间停下来，我是'过河卒子，只能进不能退'，否则等于承认我不但学习不行，而且品质很差，我必须学习学习再学习，我只有使自己真正强大起来才能弥补以前的过失。志愿者老师铺天盖地的表扬，父母满满的期望，同学们质疑的眼神，都鞭策着我克服懒惰、浮躁、虚荣。我拼了！"

接下来让我更得意的是，所有老师都惊讶于小董的表现，他不但踏踏实实地学习，而且为人诚实大度，作业工整认真，上课表现更好，工作做得更加到位。期末考试一举跃到班级前十。如今，他稳稳地位于班级前十，已成长为一个更加理性、沉稳、健康的阳光男孩。

其实，很多时候我们似乎忘记了，每个孩子内心都有"想好"的愿望，这也是他们的"本能"，只不过常常被懒惰等负面因素蒙蔽。擦亮他们蒙尘的眼睛，激发他们"想好"的"本能"，才是我们志愿者老师应该做的事情。

透过这件事，我深刻地意识到，志愿者老师的一言一行，都会影响学生。对退步的学生，我们要耐心帮他们分析原因，设身处地为学生着想，真正去关爱学生，用心、用情，从不同的视角去解读和对待学生，用心沟通，就一定能创造更多和谐美好的音符，收获心灵的感动。

■（志愿团志愿者：赵义斌）

档案 2014-01

姓名	李琴
性别	女
成为志愿者时间	2014 年 1 月
志愿者编号	Z038006
志愿者背景	038 涉县西戌中学在职教师

志愿者服务语录

给比拿快乐，能够尽自己的努力去帮助那些想进步、能进步并且愿意将爱心传递下去的孩子们，我感到非常幸运，也收获了满满的幸福！

李琴

Joint Action makes me happy

共同行动让我有幸福感

038 志愿团
西戍中学
李琴

有这样一个特别的大家庭，它叫共同行动，这里有数千个孩子，每年暑假都会有许多志愿者加入这个大家庭，记录着孩子们的欢笑泪水，陪伴着孩子们成长与进步，他们被孩子亲切地称作"小黄人"。今年我也是一名小黄人，感受着来自这个大家庭的爱与温暖，见证着孩子们一点一滴的进步。

最让我感动的是范妈妈，这是孩子们给范老师起的称呼，原因就是范老师把每一个孩子都当作自己亲生的孩子来对待，甚至对这里的孩子更亲。当我们都已经坐下来吃饭的时候，食堂门口总有一个人在为孩子们撑着帘子；当我们快吃完了，总有一个人在食堂来回走动，询问孩子们是否已经吃饱，是否吃得习惯；当我们准备离开食堂的时候，总有一个人刚刚坐下吃饭，这个人就是范妈妈。记得有一次开会，有个老师说范老师的身体并不好，但只要有人提到共同行动的孩子们，范老师一下子就会精神百倍，从早忙到晚一点也不觉得累，反而越干越精神，我想这就是爱的力量吧，范妈妈是真心热爱着共同行动的孩子们。

在这里我还看到了学生们的成长与努力。"老师，我今天主动跟外教打招呼，好开心啊。""老师，我今天第一次主动回答外教的问题，感觉没那么难。"早上拔河比赛中有个孩子手受了伤，流了很多血，当周围所有人劝他放弃比赛时，他坚定地说，他很珍惜来到夏令营的机会，他要拼尽全力才能不辜负大家为此付出的努力。我很高兴，孩子们在这里学会了感恩，懂得了珍惜。

回校的路上，孩子们很沉默，我知道他们对这里有太多的不舍。带队的班长说他还会回来的，顿时车上此起彼伏，他们纷纷表示以后还要回到这个大家庭，他们要做志愿者，为这里的孩子奉献爱心。看着信誓旦旦的孩子们，满满的正能量涌上心头。

正如魏老师说的那样，给比拿更让人感到幸福，是啊，即便每天都在陪伴着学生，从早到晚，但我没觉得累，反而更加深刻感受到自己人生的价值，更加的幸福。

■（志愿团志愿者：李琴）

档案 2010-09

姓名	贾彦峰
性别	男
成为志愿者时间	2010 年 9 月
志愿者编号	Z039002
志愿者背景	039 涉县索堡中学在职教师

志愿者服务语录

爱心是志愿者最好的舞台，奉献是志愿者最美的语言。新时代当有新作为，我将心系学生，尽己所能，书写新时代雷锋故事。

贾彦峰

The narration of an ordinary volunteer

一名平凡志愿者的诉说

039 志愿团
索堡中学
贾彦峰

　　九年志愿者帮扶路，九年共同成长史。我是 039 索堡中学帮扶点的专职志愿者贾彦峰，今天的故事将围绕我跟受帮扶学生王庆龙展开。

　　王庆龙，帮扶编号 0390124，于 2016 年 6 月毕业于索堡中学。回想起跟庆龙之间的点点滴滴，至今都难以忘怀，因为那也是我刚加入共同行动志愿者之列的一段日子。

　　2014 年 4 月，专职志愿者李保佳老师在一次班主任会上宣读了共同行动学生报名工作有关事宜。我作为一名刚加入共同行动大家庭的志愿者，积极配合李老师的工作，走进学生中间，了解学生的思想动态，确保共同行动这一组织被越来越多的学生了解。工作之余，一个比较内向的学生进入了我的视线，他叫王庆龙。初次会面，感觉他不善言谈，有些内向，比较自卑。我主动接触，把他请进我的办公室，以一个朋友的身份跟他进行了一次深入交流。在我的热心开导下，他也敞开心扉，跟我讲述了他的家庭情况。小庆龙成长在一个贫困家庭，经济收入主要来源于他父亲一人远到外地、冒着生命危险下煤窑赚的血汗钱。2013 年远在天津打工的姐姐突遭车祸，住院需要一笔高昂的医药费，使本就拮据的家庭又雪上加霜，庆龙的父亲负担更重了，在外工作更加努力了，多病的母亲也开始在村里打零工挣钱，贴补家用。庆龙表示希望参加共同行动，用自己的方式来为这个家尽些力，并且一定会发奋学习，用自己的成绩来回报社会爱心人士，将来成功了也一定会帮助更多的人，为国家做贡献。

　　这次交流之后，我感觉只要我们志愿者对学生付出了真心，学生会把我们当成朋友一样，倾心相交，这也正是我们志愿者最基本的工作。我趁热打铁，多次利用教学之外的空余时间，对他进行心理辅导，把参加共同行动组织的一些具体要求讲给他，每次他都认真记录，并随时反馈自己的思想困惑。几次交谈下来，庆龙心中的迷雾终于散去，他认真填写了加入共同行动的申请并顺利通过，成为咱们共同行动大家庭的一员。那一刻，庆龙脸上的笑容告诉我，我的付出是值得的，我暗下决心：一定要继续努力，把帮扶工作做到更好，让更多愿意进步的家庭贫困学生能加入我们这个大家庭。

加入共同行动大家庭以后，庆龙学习更加努力了。每天早晨第一个到教室开门的是他，课堂上回答问题最多的也是他，始终居于班级前十名的还是他。他曾说过，共同行动大家庭在学习上给了他很大的动力，他要用自己优异的学习成绩来回报社会爱心人士给予的无私资助。

回想庆龙在索堡中学度过的三年时间，每次月考成绩公布后，办公室里总有我们俩谈心的身影，我会给他分析考试中存在的问题，共同总结适合他的学习方法；每次领完帮扶款和帮扶物资后，办公室里也会出现我们俩交流的场景，他会表示要更加努力，让父母为他骄傲，让社会爱心人士为他自豪。庆龙的每一次进步我都看在眼里，喜在心里。2016年庆龙顺利升入涉县第一中学，圆了自己的重点高中梦。

这只是我的志愿者工作中的一瞥。5年时间里，类似这样的故事还很多，我自己也从一个普通志愿者逐渐成长为今天的专职志愿者，见证了我们039索堡中学帮扶点的点滴成长。

■ （志愿团志愿者：贾彦峰）

姓名	李保佳
性别	男
成为志愿者时间	2010 年 9 月
志愿者编号	0010214
志愿者背景	039 涉县索堡中学在职教师

志愿者服务语录

当志愿者也许会后悔一阵子，不当志愿者一定会后悔一辈子。十年志愿路，一生志愿情！从成为共同行动志愿者的那一刻起，我从未后悔过。在助力农村中学生成长的过程中，我愈来愈感觉到被需要是一种幸福！

李保佳

家长您好 我已把您的孩子安全带到营地

039 志愿团
索堡中学
李保佳

时针回拨到 2018 年 6 月。

6 月 16 日，共同行动基金会确认 039 索堡中学帮扶点参加 2018 年第二期（7 月 15 日—7 月 22 日）共同行动夏令营。我们志愿团由我全权负责此项工作。

6 月 24 日，全体参加共同行动夏令营的学生家长微信群建成。由我牵头制定了《039 索堡中学帮扶点参加 2018 年共同行动夏令营活动应急预案》，经领航志愿者审核后发布到家长群。

6 月 28 日，我组织所有参营同学在共同行动之家召开了 2018 年共同行动夏令营行前动员会，并且为每位参营学生发放了《参营手册》，要求回去后和家长一起认真学习领会。

7 月 5 日，学校放假，暑假模式开启。我第一时间联系到一直跑涉县—石家庄客运线的长途客车，商定了用车时间、安全检修及费用等相关问题，并第一时间在家长群把租用车辆的车牌号、驾驶人员的驾驶证等向家长们进行了公示。

……

7 月 10 日，大热的天好不容易迎来了降雨，好爽！

7 月 11 日，雨时停时下。

7 月 12 日，距离我帮扶点组织学生参加 2018 年共同行动夏令营还有两天的时间，可是老天还是下个不停。一时间，我的心有点不安起来，心里期盼着不要下了，不要下了（因为 2017 年我县的"7·19"特大洪灾就是因为一连下了 3 天的雨而引发了重大灾情）。再者，参加 2018 年共同行动夏令营的 27 名学生分布在清漳河两岸的 17 个村落，一旦河水上涨，河对岸的 8 个村的 17 名学生，将无法通过便桥按时到学校报到，也就是说这 17 名同学将会无缘此次共同行动夏令营了。

7 月 13 日，尽管天公不作美，但是好在清漳河河水涨得还不厉害。

7 月 14 日早上 5:00，我冒雨骑车赶到学校。清晨 6:00，中央气象台发布暴雨蓝色预警，预报 7 月 14 日 8:00 至 15 日 8:00，河北南部和东北部等地的部分地区有大到暴雨，其中河北东南部等地局部地区有大

Hello parents, I have taken your children to the camp safely

暴雨；上述部分地区伴有短时强降水等强对流天气，最大小时降水量30～50毫米，局部地区60毫米以上。说实话，当看到上述气象预报时，我的心顿时凉了一大截。

　　为了确保明天的行程能够顺利，我首先在微信群里把《应急预案》里的"如遇特殊天气不能按时参营的相关事项"向家长再做说明。然后，一一拨通了全部参营学生家长的手机，做了再次的沟通。此间，一位家长问了一句："你如何保证孩子们的安全？"我回了一句："只要同车的我还活着。"就这样，耗时大半天，和所有参营学生家长沟通完毕。

　　和家长沟通完毕，又和租用车辆的车主就第二天的到校时间、出发时间、司机情况、车辆检修以及如遇特殊天气不能按时出发的情况进行了详细的沟通。

　　晚上，尽管非常困，但是彻夜无眠……

　　时间终于来到了2018年的7月15日。早上4:30，我从床上爬起，光着膀子看了看外面的天空，还好雨终于停了。

　　早晨6:00，参加夏令营的同学们在家长的陪同下，陆陆续续地赶到学校报到。6:10，我们租用的涉县至石家庄的大巴按预定的时间开到了学校大门口。6:30，我带领27名帮扶学生登上了大巴，驶向了目的地——共同行动2018夏令营营地（石家庄）。

　　10:30,我们顺利地抵达此次夏令营的营地。共同行动秘书处的老师们和大学生志愿者们在骄阳的炙烤下，引导我们办理了入营事宜，我也在家长微信群里第一时间报了平安："家长您好，我已把您的孩子安全带到营地。"

　　直到此刻,我那悬着的心终于放下了。终于不用担心，大河涨水阻挡孩子们参加共同行动夏令营的脚步；终于不用担心，天下大雨而彻夜无眠。

　　2018年7月15日，石家庄的天真蓝！

■（志愿团志愿者：李保佳）

姓名	杨海为
性别	女
成为志愿者时间	2010 年 9 月
志愿者编号	0011079
志愿者背景	039 涉县索堡中学在职教师

志愿者服务语录

尽己所能，不计报酬，帮助学生，传递爱心。践行志愿精神，秉承服务宗旨，让共同行动大家庭里的每个孩子都能在爱的光环下茁壮成长，日渐进步，最终成为祖国的栋梁。

杨海为

If you never help me

假如您不曾帮助我

039 志愿团
索堡中学
杨海为

嗨，大家好，我是039索堡中学帮扶点的志愿者杨海为，我的编号是0011079。我是2010年9月加入共同行动的，时至今日已经接近十年了。在这十年中，我接触了很多帮扶学生，经历了很多故事，其中印象最为深刻的是培羽生李铭慧同学。

2012年9月，我又接手了初二（3）班的数学课，小铭慧（培羽生编号0390062）就在其中。他给我的第一印象就是内向、乖巧懂事。由于共同行动志愿者和数学教师的双重身份，我和小铭慧的接触就比较多一些。

数学课堂上，铭慧同学可能是因为学习方法不太科学，或是对理科学习心存畏惧，从来不主动举手回答问题，数学成绩平平，不冒尖。课下通过和其他同学座谈，了解到铭慧的妈妈体弱多病，上有年迈的姥爷，还要照顾残疾的舅舅，仅靠爸爸一人种田、打临工苦撑着整个家庭，生活极度贫困。家庭的苦难让小铭慧在心理上过早地成熟了，他对自己的生活标准要求极低，每顿吃两个馒头，不舍得吃一顿菜。

了解到铭慧的情况后，我心里久久不能平静。我不知道如今居然还有这样贫穷的学生，而且就在我们班。怎样帮帮小铭慧呢？我一时也不知所措。那就先从学习上开始吧，课堂上我总是随时关注铭慧的一举一动，提问他，给他展示自我的机会。课下时不时地跟他聊会儿，交流一下近期的生活和学习情况，给他生活上的指引和学习上的帮助。

渐渐，小铭慧的数学成绩提上来了，课堂上积极回答问题的次数越来越多，人也越来越活泼。在他的不懈努力下，他的各方面都有了很大的进步，2014年被评为学校"尊老孝亲好少年"，同时在学科竞赛中成绩突出，被我县第一中学提前录取。

功夫不负有心人，经过高中三年的磨炼与努力，铭慧同学在2017年高考中取得了优异的成绩，被心仪的大学录取。

在上大学前，铭慧给我写下了情真意切的一封信。信中写道："敬爱的杨老师您好：提笔未写，泪流满面。每每想到初中时您和共同行动对我的帮助和教导，我心甚暖。假如您不曾帮助我，今天的我正在干什么；假如你不曾教导我，我的明天将会是什么……"读到此，我心甚慰。愿铭慧同学在今后的学习和生活中一帆风顺，愿共同行动帮助的众多孩子人生之路走得更广、更好。

■ （志愿团志愿者：杨海为）

档案 2018-09

姓名	杨利飞
性别	女
成为志愿者时间	2018 年 9 月
志愿者编号	Z039006
志愿者背景	039 涉县索堡中学在职教师

志愿者服务语录

助人为乐，甘于奉献，播撒爱心的种子，收获奉献的喜悦，做一名奉献、友善、有仁爱之心的新时代志愿者。

杨利飞

Help others, help ourselves and obtain the happiness

成人达己 收获快乐

039 志愿团
索堡中学
杨利飞

我叫杨利飞，是共同行动 039 索堡中学帮扶点的一名普通的同行志愿者。加入共同行动前，我对共同行动的了解只是局限于"这是一个慈善机构，给生活上有困难的学生物质帮助"这样一种认识。直到我加入之后，通过切身体会，特别是今年 5 月份秘书处的范文燕老师等人来我帮扶点进行工作指导后，让我对共同行动有了更深的认识：它是一个旨在资助农村中学生完成学业的慈善组织，宗旨是精准助力能进步的农村中学生健康成长，完善可持续发展的公益慈善链。

在我们 039 志愿团，我的志愿工作就是负责把每月的帮扶款按时充入各位培羽生的饭卡。每月月初，当我把帮扶金充入学生饭卡时，我看到的是每个学生发自内心的感激和脸上掩饰不住的喜悦，我也跟着心潮澎湃起来。当我看到他们接受帮扶后不断进步的自信时，当我看到他们成绩退步却能不断奋进的身影时，当我每次被他们亲切地喊一声"老师好"时，作为帮扶点的一名志愿者我感到非常荣幸和自豪。

尽管我所做的只是平凡得不能再平凡的小事，但是我会用心投入今后的志愿工作，为精准助力能进步的农村中学生健康成长继续奉献我的力量。同时，我会始终牢记着"我自愿加入共同行动；认同纲领，遵从规则；不忘初心，履约承诺"的志愿誓词，同所有大家庭中的成员一起共同行动！

■ （志愿团志愿者：杨利飞）

姓名	张秀平
性别	男
成为志愿者时间	2018 年 9 月
志愿者编号	Z039007
志愿者背景	039 涉县索堡中学在职教师

志愿者服务语录

我志愿我快乐，我奉献我美丽！在志愿行动的大家庭里，用我的奉献为社人，以爱心去传递，把爱心传递，薪火相传。

张秀平

Joint Action make the children not alien anymore

共同行动 让孩子不再另类

039 志愿团
索堡中学
张秀平

我叫张秀平，是 039 索堡中学帮扶点的一名志愿者，编号是 z039007，我是 2018 年 9 月加入共同行动的，加入的时间虽然不长，但是我以班主任的身份多次参加共同行动的活动，如中秋感恩、研学旅行等，从中我也接触了很多帮扶学生，聆听了他们很多感人的故事，现在我就和大家分享一个"另类"帮助者的故事。

2017 年 9 月，我又迎来了新一届学生，报到那天，大多数学生都穿着靓丽的衣服，脸上洋溢着灿烂的笑容，就在这群孩子们中间，一个"另类"的女孩吸引了我的目光……

点完名字，我特意记下了这个"另类"的名字——王宋晴 (0390243)，查看她的小升初成绩，在我们班算是中等生。

转眼间，一个月过去了，学校组织了月考，她的成绩让我大跌眼镜——几近倒数！我大发雷霆，那是我们的第一次激烈"交火"，她只是使劲地揉搓着自己的衣角，低头不语，眼泪扑簌簌地落下来，周围的空气似乎凝固了，死一般的寂静……

周一升旗例会，我没有看到她的身影，来的却是她的父亲——第二个养父！她的父亲给我讲起了她的"另类"故事：

她是从山西抱养来的，她的养父终生未娶，父女两人相依为命，经济条件十分不好，好多衣物都是靠邻居和亲戚朋友接济，尽管有些贫穷，但是养父的悉心照料让她感到欣慰。可是好景不长，2009 年的 10 月份，养父被医院确诊为胃癌晚期，面对巨额的医疗费用，养父放弃了治疗，默默地忍受着病痛的折磨，本来该上幼儿园的王宋晴不得不待在家里。三个月后，养父撒手人寰，离开了人世，家里就剩下了她孤零零的一个人，一个五六岁的孩子该怎样面对将来的生活！

后来，本家的叔叔看到孩子可怜，就

收养了她，这是她的第二任养父。养父母家的条件也不好，这孩子很懂事，看到这种状况就想为父母分忧解难，甚至想辍学打工挣钱来补贴家用，养父母的坚持和鼓励才让她继续完成了学业……

听着听着，我的眼角湿润了，怪不得开学那天，她穿着陈旧，全身的衣服就是胡乱拼凑的，显得那么不和谐！显得另类！显得扎眼！

读懂了她的"另类"，我便开始了对她的帮扶计划。为了能让她融入班级的大家庭，走出自卑的阴影，我征求她的意愿，给她安排了一个学习伙伴；为了能让她安心学习，在经济上没有后顾之忧，我积极地帮她申请加入共同行动；为了能让她在学习上有起色，我帮她认真分析考试失误的原因，制订学习计划，让她养成良好的学习习惯……

2018年12月2日，是我终生难忘的日子。那天也是我们学校月考成绩公布的日子，当我拿到成绩表时，第一件事就是查看她的成绩。这个习惯已经养成近乎一年了，每每遇到测试，我都会关注她，及时做出分析，或鼓励，或指正。

这次考试，我惊奇地发现她的全校排名是63名，比上次进步了100多名！100多呀！顿时激动得眼泪夺眶而出……

就在我沉浸在快乐的心情中时，一个熟悉的"报告"声拂过我的耳膜，我回过头来，一看，是那个熟悉的身影——王宋晴！我拿着成绩单，近乎吼叫似的："宋晴，宋晴，快来看，你这次考试进步了，终于突破百名大关了！祝贺你！老师为你点赞！"

她听了，一脸的惊疑！当她看到成绩表时，终于按捺不住内心的激动，痛哭起来……

许久，她才停止了哭泣，用近乎哽噎的声音说道："老师，谢谢您的帮助，没有您的帮助，我也不会有今天辉煌的成绩！"她定了定神，笑嘻嘻地说道："老师，今天可是我双喜临门的日子！"她掏出饭卡，在我眼前摇晃着："我成功加入共同行动了！今天我的第一笔资助已经打入饭卡了！"

看着她那兴奋的样子，我倍感欣慰，从此有共同行动助学基金会的系统精准帮扶，小宋晴一定会更加上进的。

是呀，作为一名志愿者，最大的心愿就是看到自己帮扶的对象有了长足的进步，也希望他们把这份爱心传递下去，生生不息。

■ （志愿团志愿者：张秀平）

姓名	张静茹
性别	女
成为志愿者时间	2017年7月
志愿者编号	0010331
志愿者背景	049 邢台市临城县东镇中学在职教师

志愿者服务语录

弘扬志愿精神，
播撒爱心火种，
传承中华美德，
争做时代先锋。

张静茹

工作第二年认识了你

Got to know you in the second year on the job

049 志愿团
东镇中学
张静茹

2017年暑假，也就是我参加工作的第二年，一个偶然的机会，使我认识了一个有爱的组织，结识了一批可爱的人——那就是我有幸参加了共同行动组织的夏令营活动。初次听说共同行动，只知道是一个民间慈善组织，等我深入接触下来，才知道这个组织不仅仅有爱，更有情，有义！

刚接到学校让我带领30多名学生参加夏令营活动的任务时，我内心比较忐忑，因为自己还年轻，没有这方面经验，担心照顾不好学生，给不了学生充足的指导。尽管这样，我的期待还是胜过担忧，所以我提前到网上查阅资料，了解共同行动组织，了解夏令营注意事项。很快，我们一起怀着激动的心情迎来了为期一周的石家庄夏令营之旅。整装出发，我们一路欢歌笑语，本来不熟悉的同学很快就像一家人一样。不知不觉我们到站了，共同行动的志愿者们和秘书处工作人员热情接待了我们，耐心告诉我们入营注意事项和流程。学生们有秩序地领了营服和必备品，熟悉了周围环境。安排好住宿，打扫好后，学生们满怀期待的心情，安静地等待第二天的到来。

夏令营第二天我们早早就起来了，因为组织安排了专门的体育教练教学生各种体育技能，如舞蹈、篮球、乒乓球、羽毛球、太极等等。操场上到处都是运动的身影，洋溢着青春的活力。在接下来的几天，食堂有我们整齐有序的队伍，宿舍有我们干净整齐的床铺，教室有我们认真求知的眼神，操场上有我们年轻有活力的身影。最让我印象深刻的是夏令营闭幕仪式，每个学校的学生代表要表演节目，来自我们东镇中学的培羽生们个个多才多艺，团结一致，用心排练。终于，我们的演出获得了热烈的掌声和高度赞扬。最后我们和外教还有志愿者们一起合影留念，每个人都想把时间定格在那一刻。

一周的时间虽然不长，但是却给学生提供了很大的平台。他们见识到更多善良努力又奋进的同龄人，也感受到共同行动这个大家庭的温暖。在这里，每份感情都很珍贵，每个人都收获了信心和爱，也不断告诉自己，以后一定要把这份爱传递下去，促自己成才，也为社会助力。

■ （志愿团志愿者：张静茹）

姓名	孙志强
性别	男
成为志愿者时间	2011 年 11 月
志愿者编号	0010216
志愿者背景	058 涉县西达中学在职教师

志愿者服务语录

送人玫瑰，手留余香，在帮助别人的同时自己真的能够感受到一种幸福的感觉，虽然没有报酬，也许很累，但是享受到的快乐，却是多少钱换不来的。

孙志强

因为你 我快乐

058 志愿团
西达中学
孙志强

和共同行动结缘是在2011年的冬天。回首这近八年的工作,有太多太多的故事,有悲有喜,有苦有甜……让我对共同行动有了更加深刻的理解。

志愿者日常——付出就是快乐

2011年刚接手共同行动时,每个月的月报是通过共同行动的邮箱报送。刚开始每到月报时间我都会感到头痛,各种表格:表4汇总表、表5统计表、表6工作情况反馈表、表7成绩表等等,蓝色、红色的字体分别代表退步一次和两次。由于自己不细心,我多次被秘书处老师责问,每次上报完都会怀着忐忑的心情,最害怕蒋老师的电话,最害怕QQ头像的闪动。蒋老师和蔼的声音时常会在我耳边响起:"志强,你看某某表是不是有错,重新上报吧!"每当听到这句话,我心里都有着说不出的难受,自责、委屈便涌上心头。我们一个帮扶点工作没做好,不仅给秘书处老师添了麻烦,同时还拖了整个共同行动的后腿。想到这里,我赶紧寻找错误,改正并重新上报。秘书处老师认真负责、不畏辛苦的工作态度让我敬佩,他们对每个孩子的责任感,让我感受到他们对帮扶学生的"爱"。在共同行动大爱的感召下,我现在每次提交培羽生"月考核成绩"和"志愿团月风采"都严格要求自己,高质量按时完成,不再仅仅作为工作去完成,而是作为我的乐趣,每天累并快乐着……

领取帮扶物品——累并快乐着

每当看到孩子们领取帮扶物品之后脸上洋溢着的笑容,我都为他们能成为共同行动的一员而感到骄傲。2016年到县城的公路因施工,汽车不能通行,正好那时物流打来电话说有我们帮扶点的帮扶物品。为了不影响学生按时领取帮扶物品,我独自一人骑电动三轮车到25千米之外的县城拉帮扶物品并于当天赶回。我一路上风尘仆仆,由于施工,道路非常难行,有几段路还得推着三轮车徒步行走,当时真的累坏了,但看到孩子们领取帮扶物品后脸上灿烂的笑容,我心中感到非常的欣慰,再苦再累也是值得的!

我与培羽生——爱是心的交流

作为一名专职志愿者,我爱每一位培羽生,因为有爱,我们互相关心;因为有爱,我们才更加的贴心。关注他们成长过程中的每一个微小的"闪光点"是我最大的乐趣。

付晓帆(帮扶编号0580144)是一个

I'm happy because of you

特殊家庭的孩子，家庭状况不好。这个孩子沉默寡言，很自卑。我了解情况后，把她叫到自己办公室里，试着解开她的心结。此后的一段时间里，每天抽出一些时间与她聊天成了我的必修课。功夫不负有心人，我成了她最想倾吐心声的"慈爱长者"，最想发泄烦恼的"知心朋友"，终于一向不苟言辞的付晓帆开始有话讲了，变得活泼可爱了！

培羽生们的点点滴滴都让我牵肠挂肚。每到下雨下雪的恶劣天气，我总会关心他们是否及时添衣。每当有学生生病时，我总会帮他们买药，给他们做饭，让他们感到家的温暖。

恰逢花蕾初开时

图片中穿白色衣服的大姐姐名叫宋宁，她是电视台著名主持人，也是共同行动的志愿者。站在宋宁老师身边的小姑娘是我们的培羽生牛初蕾（帮扶编号0580115）。当主持人一直以来都是她的梦想，尽管遭人嘲笑过，尽管不被别人理解和支持，但她一直没有放弃。夏令营里她积极争取当联欢晚会的主持人。范老师被她执着的心打动，说："没关系，我们共同行动帮助你！"范老师把她带到宋宁老师身边，宋宁老师承诺："只要你选择主持人这条路，宋老师会给你提供免费指导。"小初蕾听完之后特别感动："从来没有人跟我说过这样的话，从来没有。老师是我追逐梦想的道路上第一个支持我的人！"她告诉老师，她不会放弃，她以后会站在舞台上，告诉爸爸妈妈，告诉那些嘲笑她的人："我，牛初蕾，一个来自农村的孩子，成功了！"是共同行动给了小初蕾更加坚定的信心，激励她不断进步。2018年中考，牛初蕾同学以优异的成绩考入了全县最好的高中最好的班级，距离实现自己的梦想又近了一步。

■ （志愿团志愿者：孙志强）

档案 2017-11

姓名	赵云彦
性别	女
成为志愿者时间	2017 年 11 月
志愿者编号	0010356
志愿者背景	065 广宗一中在职教师

志愿者服务语录

被需要是一种幸福，我相信身边的善意，总是这样的会传承会发扬，会因为执着而不断温暖更多的人。

赵云彦

Your growth is accompanied by me

你的成长 由我陪伴

065 志愿团
广宗一中
赵云彦

    栀子花开，又一年毕业季，总说毕业遥遥无期，转眼这些培羽生就要各奔东西。时光流逝，流不走的是我们之间美好的回忆，我们相识于广宗一中，却因共同行动缘分更深，感恩共同行动让我见证和陪伴了你们的每一次成长，每一次成绩进步能和你们一起笑，每一次难过能给你们一个拥抱，每次需要我的时候，能给你们一次指导，向未来出发，我们青春不散场，三年多的时光转眼即逝，但这份师生情却感人至深，希望培羽生们毕业之后前途坦荡，青春无悔。每到这时，总免不了引发一波感慨，我想起了席慕蓉的一首诗。

    《抉择》席慕蓉

    假如我来世上一遭
    只为与你相聚一次
    只为了亿万光年里的那一刹那
    一刹那里所有的甜蜜和悲凄
    那么 就让一切该发生的
    都在瞬间出现
    让我俯首感谢所有星球的相助
    让我与你相遇
    与你别离
    完成了上帝所作的一首诗
    然后 再缓缓地老去

    其实人生本就是遇见，就像冷遇见暖，有了雨；春遇见冬，有了四季；人遇见人，有了生命。与每个培羽生的相遇，真的是一种缘分。这个夏天说的再见，也许是有些踏向未知的特别意义，所以格外难忘。

    第一次见牛和鑫（帮扶编号0650130），是在高一培羽生的迎新会上。一个瘦小的男生低着头站在角落里。我问："有人愿意帮我拿一下报纸和旗帜吗？"几个女生自告奋勇地举手，而我走向他，微笑着对他说："你是男子汉，你愿意帮我吗？"他脸很红，但是重重地点了点头。会上他帮我分发报纸、统计信息，虽然不熟练却很认真，会后我对他竖起了大拇指，并诚挚地邀请他做我的小帮手，他欣然同意了。能感受到他内心的欣喜，以后的日子里他越来越开朗了，他的《别样青春》也在我的鼓励下发表在《语文周报》"共同行动·扬帆"专版上，收到稿费和得到认可的他更阳光了。

可是接下来又出现了问题，统计成绩的时候我发现他的成绩下滑了，下了早读我顾不上去吃早饭，把他喊到办公室聊聊，通过对话和他的眼神我知道他早恋了，这是成绩下滑的原因，我没有呵斥他，只是以我自己为例开诚布公地聊青春。每个少男少女内心都有一个美好的憧憬，在这个花季一般的年龄很容易对异性朋友产生好感，也容易混淆友情和懵懂的爱情，只有知识让我们更强大以后，我们才有能力去爱去表达，如果放不下那份感觉就把它化为学习的动力，毕竟这是一个拼搏奋斗的年纪，毕竟青春的序幕刚刚拉开，未来的路还很长。听完我的话，他很认真地点点头对我说："老师，你不仅是良师还是益友，谢谢您！"我知道他没有吃早饭，就把苹果和鸡蛋给了他。他再三拒绝，他知道我也没有吃早饭，可是他看到我眼神里的关怀，明白我的期待，他接过去对我鞠了一躬。丁零零，三分钟的预备铃响了，他带着早饭和关怀回去了，而我带着教案走向教室，脸上带着微笑……

■ （志愿团志愿者：赵云彦）

姓名	武静
性别	女
成为志愿者时间	2018年5月
志愿者编号	Z074002
志愿者背景	074 河北平山中学在职教师

志愿者服务语录

每当孩子们向我敞开胸怀聊他们的生活学习上开心和不开心的事情时，我心里是暖的，是笑的，因为是家人，所以畅所欲言。

武静

爱在心中

074 志愿团
平山中学
武静

志愿者是一个平凡的角色，做着平凡的事。小小的故事就从共同行动2019年夏令营活动开始吧。

我们074志愿团（平山中学）今年申请了共同行动组织的公益活动——共同行动2019年夏令营，很荣幸我们入选了。最后志愿团确定让我带队，但当时我正在医院治疗颈椎病（空调电扇不能吹，一吹就头疼；电脑更是不能碰，工作一会儿，颈椎就有压迫感，受不了），需要三天治疗一次。而领航志愿者并不知此事，而且我也认为找到了好的医生，应该很快就会治好，所以我一直带病按部就班地把事情做好。可能正值假期，工作少了，再加上治疗，症状明显减轻了，所以我觉得自己是可以带队的。何况我对这些培羽生是很有感情的，想陪伴他们一路成长。

但就在2019年7月12日这一天，我两周零两个月的女儿生病了，感冒咳嗽加发烧，这可真是雪上加霜，让我心里犹豫了：要不要向领航志愿者反映一下情况，请其他志愿者带孩子们去呢？我女儿从出生以来，晚上从未离开过我，别说是把生

病的她留在家里。如果我不在，她该会哭成什么样呀。那是我不敢想象的。我把心里的担忧告诉了老公，老公劝我："放心吧，我会照顾好女儿的，我是医生。晚上我给她讲故事、唱儿歌、陪她跳舞，直到她安心睡觉。"很感谢老公给的定心丸，而且还给我买了盒膏药备用，以防身体不适。最后，我兑现了自己对孩子们的承诺，陪他们去了夏令营。

来到共同行动2019年夏令营营地，我并未对孩子们提起过自己的事情。但是在营地的第三天，培羽生刘宇同学闻到了我身上的膏药味儿，便问："老师，您怎么啦？"这一问引起了好多孩子的注意，

Love in the heart

全部拥过来问候。我赶紧告诉他们："没事儿,不过是床板太硬,硌的,哈哈……"他们一听便都哈哈大笑起来。

夏令营的这七天里,每天中午和晚上,我们074平山中学帮扶点的培羽生都会聚一下,与我同宿舍的志愿者调侃我:"你每天见他们,感觉给他们散发着母爱的光芒。"我说:"既然照顾不到自己的娃儿,那就把心用到他们身上,也很幸福。"

2019年7月16日早晨,夏令营有一个拔河比赛项目,我们帮扶点的一个孩子——培羽生张蕾杰在11班,11班和12班比赛。初赛开始了,可11班的实力明显不如12班,张蕾杰看到我在旁边拍照,便有了动力,用力拽住绳子并大声地喊起号子来,后面的培羽生也有了节奏和信心,双方不相上下,引起了全场掌声。张蕾杰坚持着,努力着……看到自己帮扶点的孩子这么努力,为集体竭尽全力拼搏的身影,我的眼睛不由地湿润了,最终这一回合11班赢了。

共同行动2019年夏令营不仅让培羽生成长,也让我们志愿者成长了不少。作

为074志愿团(平山中学)的一名专职志愿者,我很荣幸,感谢领航志愿者引领我们志愿团越做越好,也感谢共同行动秘书处志愿者们和发起人的默默付出,他们的故事应该让更多的人看到,激励所有人在传递爱心的路上不断前行。

■ (志愿团志愿者:武静)

档案 2017-05

姓名	刘向明
性别	女
成为志愿者时间	2017 年 5 月
志愿者编号	0010342
志愿者背景	原临西实验中学教师 现临西县委组织部科员

志愿者服务语录

生命因为勤勉的努力而精彩，
青春因为执着的追求而绚丽！

刘向明

Grow together with my dear children

我与孩子们一起成长

076 志愿团
临西县委组织部
刘向明

  2017年5月，我参加工作的第二个年头，我接替调走的于老师，成为共同行动076临西实验帮扶点的专职志愿者。刚听到这个安排时，心里既懵懂又忐忑。我寻思，共同行动是什么，有什么用？但心里有一股劲，决定要把这个工作干好。

  记得当时安排的第一个任务是给培羽生们发放帮扶物品，那时候我刚上完两节美术课，就急匆匆跑去共同行动之家给他们发放物品。现在还记得孩子们拿到帮扶物品后开心的表情，和志愿者张涛老师对孩子们的殷切期望。他说，一定要不忘初心，不忘感恩，好好学习，天天向上！

  后来，熟悉了工作，我了解到共同行动是河北省共同行动助学基金会的简称。共同行动基金会由河北省民政厅批准设立，旨在"精准助力能进步的农村中学生健康成长"。不仅给学生提供物质帮扶还有精神慰藉，开展了很多活动，让学生们开阔视野，增强自信，不断进步！渐渐地，共同行动网站成了我最常浏览的网站，"共同行动"这四个字成了我的打字栏首位，我也跟培羽生们打成了一片。

  印象最深的一件事是2018年的中秋联欢会，那是我们帮扶点第一次参加"爱在中秋"这个活动，一切都不太熟悉。联欢会的举办场地最后定在综合楼二楼阅览室，由我来布置。阅览室里全都是桌凳和图书，根本没有空地，于是我和阅览室的吴莹老师两个人用了一上午时间，把桌凳搬到过道，把中间的空地留出来，排出一圈观众席，把共同行动旗挂在墙上。等我俩大汗淋漓地布置完，准备回家时，发现都已经中午一点多了，综合楼的门还锁住了，最后被反锁的我俩还是跳窗户回的家。学生们知道要开中秋联欢会，积极热情地准备节目，可是临到联欢会本来要表演街舞的于国雪同学扭伤了脚，还差一个舞蹈节目。怎么办？孙悦、郭家家他们迎头顶上，利用两个中午的午休时间，在我的办公室里观看视频，排练出了《感恩的心》。联欢会结束的那天下午，我和吴莹老师又在阅览室打扫，把阅览室布置成原样，等工作完已经是晚上九点多。回家的路上，我骑着电动车，哼着小曲，一点也不觉得累，非常愉悦轻松，因为看到了孩子们一张张笑脸，感受到了共同行动大家庭的温暖关怀和凝聚力！

2018年末，我跟随时任领航志愿者王鹏轩老师和志愿者刘广铎老师去石家庄参加共同行动年度会议，平时只在电话微信里听到的秘书处老师出现在我眼前，我感受到了秘书处老师的激情和活力，以及对共同行动的热爱和用心。他们感染激励着我更好地投入到帮扶工作中。

活动开展得多了，跟培羽生们也都渐渐熟悉起来。平时他们课间还会找我聊天，跟我诉说生活学习上的事情。有一次学校要举行大型考试，我所在的办公室作为考试广播站要彻底打扫，教育局来检查。我拿着拖把去卫生间清洗的时候，张立超和吴珊珊两个学生看见了，主动把拖把接过去说："老师我俩帮您打扫吧。"他俩打扫得又快又干净，没一会儿，办公室变得干净如新。同时，我也看见很多学生成为培羽生后的成长，张立超同学本来是一个沉默寡言，比较书生气的学生，加入共同行动以来，渐渐地变得开朗健谈，还成为高二的培羽生负责人。每次发放物品，他还在旁边像小大人一样帮助我给学生发放。周芳腾同学是个小有才气的学生，在共同行动的感染下，他写出了《以诗献给共同行动》，在2019年中秋联欢上大气诵读，小小惊艳了一把。

作为专职志愿者的这两年，也是我成长最快的两年，从刚刚进入社会的愣头青，现在也变得渐渐成熟稳重了些。可以说，是共同行动陪伴我成长。纸短情长，与共同行动难忘的事情还有很多，作为专职志愿者的感悟也有很多。

一滴水容易干涸，但汇入海洋就有了更大的力量。作为一名专职志愿者，我做得还远远不够。但我坚信只要肯专心，肯用心，有爱心，就一定能为共同行动帮扶工作出一份力，让更多的中学生们想进步、能进步，把帮扶工作做得更好！

■ （志愿团志愿者：刘向明）

姓名	张秋平
性别	女
成为志愿者时间	2017 年 5 月
志愿者编号	0010285
志愿者背景	081 任县中学在职教师

志愿者服务语录

赠人玫瑰，手留余香。去帮助培羽生的同时自己真的能感到一种幸福的感觉。虽然很累，但是享受到的快乐，都是什么都换不来的。

张秋平

牢记使命 从"心"开始

081志愿团
任县中学
张秋平

结识共同行动是在2017年5月的一个下午,那一天一个慈善机构要来帮助我们的学生。从那一天开始,我就自愿正式成为一名志愿者。从此我的生活多了一些别样的色彩……

共同行动的纲领是什么?志愿者需要做哪些工作?学生如何申请?一系列的问题需要我抓紧弄清,连着好几天晚上我熬夜学习,大脑里渐渐地对咱这个组织有了深入的了解。看到网站上一个个受助学生发来的感谢语,以及他们进步的点点滴滴,再看到网站上专职志愿者里有我的名字,我更坚定了信心——我一定要干好。

接下来就是想办法给学生讲透共同行动纲领以及申请流程。我连夜做了一个PPT,然后召集学生给他们讲解。个别不会申请的到我办公室,我再一步一步地教他们。有的学生说想周末回家了让家人也更多地了解共同行动,可家里没有电脑,手机网页字又太小。为了解决这个问题,我先用PPT做了一个课件,录制讲解音频。难办的是音频插进去需要与文字同步。修改,再修改……不下十次直至完全匹配,最终转化成视频文件——短小、方便,适合学生家长在手机上观看。

为了更好地管理,我建立了081共同行动培羽生群;为了让家长看见孩子们的变化以及我们共同行动、志愿团对学生的关爱,我建立了081共同行动培羽生家长群;为了让081志愿团的每个志愿者更好地交流,我建立了081志愿团群。每个志愿者都肩负着学校大量的工作,很多共同行动的工作都是在工作之余甚至假期来完成的。但没有谁抱怨,也从来没有谁说过累。每次活动,我们都积极准备,提前做大量的工作。我们在生活中引导、学习上教育,每月的例会与培羽生一起重温誓词,共同经历心灵的激荡与澎湃。

最让我难忘的是去年中秋,孩子们听说共同行动要给他们寄来爱心月饼,秘书处老师会陪他们一起过中秋,他们特别高兴,并自发编排了吉他、朗诵、歌曲、舞蹈等节目。别看平时他们在下面能唱能说,真让他们站在舞台上表演还是有些羞涩、不够自信,要想大胆、大方、大声、充满自信地表演,必须多练。我们就利用下午自习和晚自习时间陪着他们练,练得有时下午回不了家,在办公室一桶泡面解决问题。记得0810010刘旭东同学说:"老师我站在台上腿颤,能坐着唱吗?"我说:

Keep the mission firmly in mind, start from the heart

"行。"说实话,那些天真累,晚上回家了做梦都是陪他们。付出就有收获,中秋那天,看着自信的他们站在台上表演,特别是刘旭东这次竟没有坐着并自如地演唱,以及晚会后,孩子们个个脸上洋溢着笑,我感觉累并快乐着。

高尔基说过:"书籍是人类进步的阶梯。"为了增加他们的阅读量,我们帮扶点于今年6月成立了我的黄金书屋,每名培羽生提供一本自己最喜欢的书,50多名培羽生就有50多本经典图书供他们相互借阅,看完后写一篇读书心得,孩子们阅读量和写作水平在不知不觉中得到提高。

今年高考我负责监考,看见考生们答卷时的书写,切身体会到书写的重要性,我就让培羽生练字。临近暑假看到他们写的字进步不大,假期我改变方法,让他们每天写三个字,每字两行,字的样板我发到群里。以身作则,我也练,写好发到群里,一段时间下来,王海洋、刘一帆的字明显得到很大改变。

回想,从成为志愿者到现在已有两年了,在这两年里,有过泪、有过笑、有过感动。"老师,我被录取了",拿到大学录取通知书他们第一时间告诉我,我感觉比自己考上还兴奋。0810056陈晓亚曾经有过厌学情绪,加入共同行动以后思想上和学习上进步很大,特别是参加夏令营以后英语从以前的60多分提升到现在的一百多分,成绩提高的同时也变得更加自信了,现在班级前十,年级前二十。培羽生孙冰雨、李婷婷毕业后写了《毕业,不想说再见》。看到他们暖心的话语,我哭了。说实在的,我也舍不得他们,他们在我的心中就像我自己的孩子一样,我永远不会忘记有他们的日子。这就是共同行动的魅力,在这个大家庭里,是她让我们的人生不再平淡,变得更加充实、更加有意义。

爱心说起来很简单,但是它的实现却是一个很艰苦,而且很漫长的过程。我坚信,我会不忘初心,从"心"开始,把爱传递下去。因为我们是共同行动的志愿者,我们要把阳光、自信和爱的种子,种到孩子们心里……

■ (志愿团志愿者:张秋平)

档案 2017-07

姓名	郝江涛
性别	男
成为志愿者时间	2017 年 7 月
志愿者编号	0010785
志愿者背景	083 威县第二中学在职教师

志愿者服务语录

在纷繁复杂的世界中一直想做些纯粹又快乐的事情，共同行动帮我实现了。

——郝江涛

Memories of walking together with you

同行记忆

083 志愿团
威县二中
郝江涛

时间总是过得很快，一转眼 083 威县二中帮扶点从 2017 年 6 月成立至今已经整整两年。终于可以静下心来，细细回忆这两年我和孩子们之间的点点滴滴。

辗转千里 助培羽生圆梦夏令营

2017 年暑假，我陪怀孕近 7 个月的妻子长途跋涉回妻子黑龙江老家看望岳父岳母，想借着暑假好好陪陪他们。可到家后第三天便接到了志愿团领航志愿者的电话，说原先安排的共同行动 2017 年外教夏令营的带队志愿者老师生病了，问我能不能从黑龙江赶回去陪学生参加。妻子听到后一开始不太支持，岳父岳母虽然嘴上没说什么也能看出来他们舍不得。我知道如果学校有其他合适的志愿者老师带队肯定不会打电话让我回去，我也知道参加这次外教夏令营对这些孩子们来说是多么的难能可贵，于是我耐心地跟妻子和岳父岳母解释，最终赢得了他们的支持。

由于时间紧迫，当天下午我便动身，从村里坐车到县里，从县里坐长途车四个小时到哈尔滨，再坐机场大巴到机场，乘飞机半夜到正定，短暂休息后便坐机场大巴到石家庄，最后倒公交车赶到夏令营营地。前后辗转几千里历经十几个小时终于在第二天早上及时赶到，和孩子们一起参加了开营仪式。

夏令营的七天时间里我陪孩子们一起学习，一起生活，一起锻炼，一起成长，累但快乐着。离营那天，看着他们依依不舍坐车离开后，我又匆匆赶到车站坐上了回黑龙江的火车。一路上回忆着七天的点点滴滴，当一张张笑脸在脑海浮现，我便知道，所有的付出都值得。

发布新闻这件"小事"

及时在共同行动网站发布和 083 威县二中帮扶点相关的新闻是我分管的志愿团工作之一，这件看起来似乎很简单的"小事"，却让我印象深刻，因为在这件"小事"上我投入了大量的时间和精力。

在加入共同行动成为志愿者之前，我从来没写过新闻稿，所以在共同行动网站发布第一篇新闻的过程我至今记忆犹新。2017 年 6 月 28 日，我和其他几位老师一起参加了 083 威县二中帮扶点启动仪式，

7月1日接到通知让我登录共同行动网站发布一篇083威县二中帮扶点成立的新闻。我当时脑袋一片空白，一是因为我从来没写过新闻，二是我对共同行动还没有深入了解，三是我压根就不知道怎么去操作。但回头一想，工作总得有人做，我便硬着头皮接了过来。

当天晚上，我先登录网站对共同行动进行深入了解，然后查看和学习了其他帮扶点发布的各种新闻，同时在网上查阅了新闻编写的要求和注意事项，在花了一个多小时写了一篇新闻稿之后，我又发给几个老同学让他们一起帮我把关，之后便开始摸索着在网站发布新闻。如果让我用几个字形容一下当时发布新闻的感受，那一定是：抓耳挠腮、手足无措、心急如焚！浏览器选择、新闻添加、标头设置、文字粘贴、图片插入……每一步操作我至今都记得清清楚楚，一直到半夜12点多，我才把083威县二中帮扶点的第一篇共同行动新闻发布成功。虽然质量差强人意，我却异常高兴，因为通过努力，我终于打开了一扇窗，可以让秘书处老师及所有爱心人士和我们083志愿团一起关注孩子们的成长。

念念不忘 必有回响

作为一名志愿者，我们能做的不只是将帮扶款打入培羽生饭卡、按培羽生所需组织申请、领取帮扶物品那么简单，还要坚持物质帮扶和精神慰藉同步进行。我秉其宗旨，承其理念，两年来尝试着把爱洒进每一个培羽生的心田。念念不忘，必有回响。在坚守中我也收获越来越多的幸福和快乐。

高二下学期的一天下午，培羽生任维超（培羽生编号0830048）来办公室找他的英语老师问题，老师没在，我便把他叫到身边，耐心地给他讲解，讲解中发现他英语底子较差，便说了几句鼓励的话，告诉他以后英语学习有什么困难随时来找我。从那以后，他便经常来找我问题，我总是耐心解答，一个学期下来，他的英语成绩取得了很大进步，我们的关系也亲近了许多。每次他见到我，不管离得多远，都会主动上前打招呼，一声"郝老师"听得我心里暖暖的。

2016级1班0830052号培羽生刘亚楠，既是我分包的培羽生之一，也是我们班英语课代表，所以我对她格外关注。学习上取得进步，我会及时表扬和奖励；成绩下滑了，我会及时鼓励并帮她分析原因；有时犯了错，我也会悉心教导。她的语文写作能力较差，为了帮她树立信心，2018年寒假我鼓励她给共同行动《语文周报》扬帆专版投稿，她犹犹豫豫不敢答应，我说："你怕什么，稿子不录用你什么损失也没有，但梦想总是要有的，万一实现了呢。"临开学，她把稿子发给了我，我认真修改之后发给了秘书处。没想到一个月之后，文章真的刊登了。我记得当我把发表证书、《语文周报》和稿费递到她手里后走出教室的时候，她飞奔着追上我，非要把两张5元的稿费中的一张塞给我，说："谢谢你郝老师，我的成功有你的一半儿。"听到这句话，我知道自己的心血没有白费。

0830013号培羽生罗亚阳，很懂事，爱学习，平时表现很好，但心理素质较差，以前生活和学习上遇到困难挫折总想回家。发现这个问题之后我重点关注，在平时的学习和生活上关心她，带她外出看病，给她分析试卷，一起谈心，帮她树立信心，让她感受家的温暖。每次她想请假回家的时候我总是先和她沟通，发现问题想办法及时解决。时间长了，她回家的次数越来越少，我们的关系也越来越好。今年高考刚好赶上端午节，考试前两天她妈妈来看她时送来5个粽子，她拿起一个便跑到办公室递到我手里。学生心里有你，就是老师最大的幸福。

送人玫瑰，手留余香。当我们把日行一善当作一种习惯时，这将是何等的幸福。愿更多的爱心人士加入共同行动，让善的阳光更加灿烂，照亮每一个角落。

■（志愿团志愿者：郝江涛）

档案 2018-11

姓名	赵晓利
性别	女
成为志愿者时间	2018 年 11 月
志愿者编号	Z083016
志愿者背景	083 威县二中在职教师

志愿者服务语录

被需要是一种幸福，愿在共同行动这一大家庭中，传递爱心，助力更多农村学子幸福成长，顺利圆梦！

赵晓利

A green hand of the group of volunteers

菜鸟志愿者

083 志愿团
威县二中
赵晓利

2019年7月14日—21日，我作为083威县二中帮扶点的专职志愿者，带领13名培羽生参加了共同行动2019年夏令营活动。在此之前，我在帮扶点举办的一些活动中观看过夏令营的宣传片。不过真正置身其中，短短七天的夏令营还是带给我很多的惊喜和震撼。

作为一名新入行的教师和专职志愿者，与其他的带队老师相比，我只能算一只"菜鸟"。但是也经常思考这样的问题：我希望自己成为一名什么样的老师？我希望我的学生有什么样的状态？我理想中的课堂是什么样的？在夏令营里，我想我找到了答案。

16位外教让我印象深刻的方面有很多，作为一名英语老师，我发现外教们会努力尝试用各种方式让初次见面的培羽生听懂和理解课堂内容，比如制作姓名牌、接传网球、丰富到位的肢体动作、夸张的表情、关键词的重复等等。英语对孩子们来说，不再是需要刻意背的单词和课文，不再是一读三不知的习题和试卷，不再以分数论英雄，而是学习中真正需要用起来的沟通工具，以交流为目的，只需要最简单的词汇和句子即可。此外，外教们在课上很善于鼓励孩子们表达自己，并及时给予鼓励。Awesome! Amazing! Good! Try it again! Come on, you can do it!……在这样的环境中，那些平时沉默、胆怯、寡言少语的培羽生们也慢慢变得积极主动、开朗活泼起来！

在这次夏令营中，除了外教课、文体课和社会各界知名人士的素质教育讲座以外，还有夏令营项目部和石家庄43中为培羽生和带队老师们提供的优质的后勤保障。孩子们在这样一个充满书香气息的校园中被尊重、关爱和知识幸福地包围，珍惜粮食，自觉排队，注意卫生。他们的脸上洋溢的是自信阳光，充满善意的微笑。这，也是我心中一直追求的理想的学生状态。在拜访了共同行动基金会总部和聆听了发起人对共同行动帮扶理念的解读之后，我心底的敬佩油然而生！范老师、苏老师和各位大学生志愿者为在营期内生日的培羽生们庆祝生日，颁发小奖品，他们的用心、细心、关心和爱心让不少孩子感动落泪！短时间内做一件好事容易，坚持把一件好事做十几年，而且做得越来越好，带动越来越多的人去帮助农村学子，这件事不简单！

相信通过这次夏令营，培羽生们在今后的日子里会加倍努力，成为翱翔于天空的鸿雁，归来时回报父母，回报共同行动，回报社会，将爱心的火炬传递下去。我将戒骄戒躁，认同纲领，遵从规则，不忘初心，履约承诺。

■（志愿团志愿者：赵晓利）

档案 2018-04

姓名	郭丽媛
性别	女
成为志愿者时间	2018年4月
志愿者编号	Z086011
志愿者背景	086 涉县第二中学在职教师

志愿者服务语录

当我心情不好时，给孩子们做些事情心情立刻就好了；当听说哪个孩子家境贫寒又不懈地努力，我就想着该怎样给他力量。我觉得生命的意义在于"成人达己"。

郭丽媛

Volunteers are ordinary and sacred

志愿者普通而神圣

086 志愿团
涉县二中
郭丽媛

2018年4月26日，涉县第二中学成为河北省共同行动助学基金会的第86个帮扶点，我从那一刻起，有了一个新的身份——086志愿团的专职志愿者。开始做的都是一些事务性的工作，直到带孩子们去参加了夏令营，才对消除了等级差别的共同行动有了深刻的认识。在夏令营里，无论是公司老板、政府官员，还是著名主持人、体坛明星，都只有一种身份、一个名字，那就是志愿者，我们只有一个工作目的，就是为孩子们的进步服务。

记得2018年夏天出发去夏令营的那天早上，外面下着雨，35个孩子随着大巴前行而雀跃，而我的心却沉甸甸的，一直在想那个迫切想来却来不了的杨晴，她的心情想必不像她的名字，或许比这天更阴沉吧。我向领航志愿者汇报了情况，同时辗转几次联系到了她，我问："你是想来不能来吗？""我们村儿没有这么早到县城的车。""哦，是这样啊，别难过，以后再有活动我一定让你来参加，这次如果你提前说明情况，可以让你来我家住下的，下次再有事儿要找老师想办法啊。""好的，谢谢老师！"放下电话，看到了领航志愿者的信息：一个都不能少！我们要想尽一切办法让孩子参加这次难得的夏令营。"把杨晴的电话号码给我！"之后是静静的等待，过了两个小时，杨晴联系我，她兴奋地说校长帮她联系好车了，她明天上午就到了。看看窗外雨停了，天晴了，开营了。

每当看到和秘书处的老师们在夏令营结束前的合影，我就能想起当时我的工作状态，其他学校都是两名以上的带队志愿者，我们学校只有我一人带着36名学生，所以我是集生活老师、监课老师、辅导老师、美篇老师、语文老师等数重职责于一身。

作为生活老师，我要替第一次单独出远门的孩子们的父母照顾好他们；作为监课老师，我要挨着班听课，为每个孩子拍下他跟外教交流的照片，这些将是促进他们增进信心最宝贵的资料；作为辅导老师，我每天检查孩子们的课堂笔记，督促孩子们在我们的微信群里用英语讲话；作为美篇老师，我做的最有纪念意义的美文是我怕外教看不懂中文，就用英文展示了外教的辛苦和敬业；作为语文老师，为了让孩子们在闭营时能写出高质量的夏令营感想，我列出了20多个写作角度，让他们选择其中一个，每天都为这个角度搜集写作素材。在离营的那天，我们在等车的时候，孩子们也没有乱跑，而是都安安静静地写着自己的感想。

带着夏令营的热情和收获，我们开启了让共同行动的孩子们引领全校学生力争上游的新征程。考完试，我拿着孩子们的成绩单：李晓琼进入了全班前10名；郭未利考了全班第一名；申凯阳在年级排名中进步了94名；陈谕伟进步了158名；李子帅考了班级第一名，英语成绩在全校进步了200多名。而当我看到张效瑞的成绩时，忍不住热泪盈眶。记得在去夏令营的前一天，我给每位家长打电话，打到张效瑞家时，她姐姐接到电话："她期末考试考了班里的倒数，不让她去夏令营了。"话语里充满了不满和埋怨。放下电话，我的脑海里是这样一幅画面：一个小女孩很想去夏令营，却犯了错，怯生生地站在姐姐旁边，不敢提出任何要求。我有点心疼这个小女孩了，就又拨通了电话："这次是去学习，不是去玩。"电话的另一端说："等我爸爸回来再说吧！"等打完所有电话，我又拨通了效瑞家的电话，沟通了大概五分钟，他爸爸终于同意了。

而这次她的成绩是：英语和化学都考了全校第一名，在全校总成绩排名第21，前进了将近300名。尤其是英语成绩由原来的74分提高到107.5分，没有什么比看到孩子们进步更激动的事情了，而改变一个孩子的前途只因为我多打了两个电话，那一刻，志愿者这三个字立刻变得简单而又神圣，而从神圣到普通才是志愿者的应有之义。

当我心情不好时，只要给孩子们发帮扶款，心情就会由阴转晴；当我工作累了，想到培羽生的进步和阳光，我就会充满力量。中国正向着越来越富足的小康社会迈进，而在物质丰裕的社会，人们对于帮助他人所得到的快乐将会由高级追求到日常需求过渡，所以"志愿者"这个由神圣到普通的词语，将是文明社会的必然追求。

■（志愿团志愿者：郭丽媛）

姓名	晋泽平
性别	女
成为志愿者时间	2018 年 4 月
志愿者编号	Z086039
志愿者背景	086 涉县第二中学在职教师
志愿者服务语录	

作为共同行动的志愿者，我欣于见到培羽生的成长与蜕变，期待他们羽翼丰满的一天，期待他们鸿雁回归的那一天。这将是最幸福的时刻。

共同在行动，温暖在延续。

行动在路上 温暖在传递

Actions on the road, warmth in the transmission

086 志愿团
涉县二中
晋泽平

2019年的7月14日，086涉县二中帮扶点的40名培羽生顶着烈日，冒着酷暑，踏上了"回家之路"。

我很荣幸作为带队老师陪同学们体验了这意义非凡的七天之旅。在秘书处和各志愿者老师的精心安排下，孩子们迅速进入状态，有条不紊地完成了一系列入营前的准备。伴着开营仪式上范老师的一句"欢迎大家回家"，2019年共同行动第二期夏令营开营了！

丰富多彩的课堂教学形式，与外教的面对面交流，让孩子们从心底里开始喜欢上英语这门语言。从不敢开口说话到主动和外教打招呼，从第一节课的"听不懂"，到最后的全英语交流，孩子们的变化，大家有目共睹。七天，培养的是他们的兴趣，增强的是他们的自信，开阔的是他们的眼界，坚定的是他们的使命。厨房帮厨，使他们懂得了粮食的来之不易；整理内务，使他们学会了自己的事情自己做，养成了良好的生活习惯；国防大学教授马立峰宣传国防知识，使孩子们懂得家国天下；北大博士科学家张颜，高考数学满分理科状元武继周向孩子们传授学习方法，使他们懂得努力和收获成正比；射击冠军赵颖慧、跨栏运动员史冬鹏，向孩子们讲述奖牌背后的故事，使他们懂得谁都不会随随便便成功的道理。这些都将是孩子们一辈子的财富，值得他们铭记一生，并在他们未来的人生道路中发挥积极作用！除了这些，丰富的文体活动唤醒了孩子们一整天的精气神。每天早上的文体活动让孩子们获得了和高手过招的机会。看着曾经遥不可及的明星，练着曾经什么都不懂的泰拳，孩子们也找到了"高手"的感觉。

作为带队老师，我见证了孩子们的变化和成长，这都归功于秘书处老师、志愿者和爱心人士的帮助。共同行动为这些来自农村的孩子们插上了翅膀，让他们看到了更高更远的风景，也让他们知道在这个世界上除了父母，还有这么多人在关心着他们。短短七天，这个不一样的夏令营让孩子们结交了新朋友，学习了新知识，体验了不一样的感受，得到了更多的温暖。而我也和孩子们共同学习，共同进步，开阔了眼界，结识了和我一样牺牲了假期来陪孩子们的带队老师。在这里，我拉近了和孩子们的感情，收获了更多的温暖和感动。更重要的是，这次体验让我更加了解了共同行动这个温暖的大家庭！

2019年的7月21日，我们离营了。在回去的路上，孩子们纷纷向我诉说不舍和收获，大家都很开心能够在暑期有如此不同的体验。但更让我欣慰的是他们的蜕变和成长，大家都在心中立志要不断进步，将来要鸿雁归巢，完成爱的传递！或许这就是共同行动的力量。

行动在路上，温暖在传递。

■（志愿团志愿者：晋泽平）

姓名	孙晓波
性别	女
成为志愿者时间	2018 年 5 月
志愿者编号	Z086030
志愿者背景	086 涉县第二中学教科室主任

志愿者服务语录

一个人，最好的状态，就是眼里充满故事，脸上不见风霜。我愿做一个眼里有故事，嘴角有微笑，心中有梦想的人。做点儿同行动的志愿者，我愿意，我不辛苦；我愿意，我很幸福！

孙晓波

实实在在
共同行动

086 志愿团
涉县二中
孙晓波

有一种教育叫言传身教，
有一种教育叫相信学生，
有一种教育叫寓教于乐，
有一种教育叫彼此尊重，
有一种教育叫敢于放手，
有一种教育叫学会感恩，
有一种教育叫回馈社会，
有一种教育叫心里有别人，
有一种教育叫……

总之，只要你能想到的，在这里你都可以感受到，这就是共同行动的教育！

一次特殊的因缘，我与共同行动相遇在涉县二中的校园。2019年暑期，共同行动走进涉县第二中学，举办"丰羽"夏令营活动，我有幸作为志愿者参与了本次活动，也有幸结识了一群有信仰的、高尚的人，有幸遇到了另一种理想中甚至概念中的教育。

教育是一棵树撼动另一棵树，是一朵云摇动另一朵云，是一个灵魂感动另一个灵魂。共同行动无疑是这种理念的践行者，从课程安排到教师选聘，从课堂教学到行为习惯养成，我们都能体会到这一点。

在开营动员报告中范老师说：共同行动的宗旨是共同助力能进步的农村中学生；夏令营过程中班主任每天一小结，侧重于鼓励学生；注重学生自我管理，我们要相信学生，给学生足够的信任；要提醒学生心里要有别人；各项行为有秩序是为了保证安全；尊重食物就是尊重父母；把自己收拾干净利索是对别人的尊重；世界很大你值得去看看，你不该这么早就放弃；只关注孩子是不是努力和可爱，让孩子发现自我最重要；学校是你的，你应该做什么，认识什么是好，怎么样更好……字字句句都给我留下了印象，虽然时过半年，言犹在耳。

Joint Action

down-to-earth

共同行动不仅为孩子们带来了外教，带来了纯英文的外教课，带来了别开生面的课堂，还为同学们带来了意味深长的游戏，其中两个游戏让我印象深刻。

"神笔马良"游戏，十名同学同心协力写毛笔字，这个游戏给我的启示是：第一，团队中十个人心往一处想，劲往一处使，方能成功；第二，心中必须有目标，而且是一个共同的目标，团队里的每个成员必须明确努力的方向；第三，团队中每个人必须均衡用力，任何一方偷懒或任何一方太强势都没办法成功。

"不倒森林"游戏则启示我们：第一，团队成员必须统一行动听指挥，方可使游戏尽可能长时间继续；第二，心中要有别人，尽可能让自己的杆子立得时间长点，为后面的队友留出足够的时间；第三，活动开始后，各自要盯紧自己的目标，甭管干什么，目标意识必须明确。

共同行动086帮扶点——涉县第二中学"丰羽"夏令营虽然只有短短的六天，却实实在在地让我们体会到表扬、激励、信任、尊重、感恩、团队、合作的力量；让我们以更开放的心态去学习，学专业、学为人处事；让我们以更积极的心态去工作，主动担当，积极作为，帮助孩子们实现自我管理、成长、提升！

■（志愿团志愿者：孙晓波）

档案 2018-05

姓名	杨彤
性别	女
成为志愿者时间	2018年5月
志愿者编号	Z090007
志愿者背景	090 灵寿二中在职教师

志愿者服务语录

送人玫瑰，手留余香。在帮助别人的同时自己能感受到一种幸福。虽然没有报酬，也许很累，但是享受到的快乐却是什么都换不来的。

杨彤

It is great to be back home

回家真好

090 志愿团
灵寿二中
杨彤

我们的相遇是偶然？不，是预谋！自成为共同行动专职志愿者以来，我体会到了人世间的真善美，看到过培羽生因志愿者的鼓励而兴奋不已，看到过培羽生接到帮扶物品珍惜的样子，这次又看到了培羽生参加共同行动2019年夏令营后的蜕变，这样的感动太多太多……夏令营里充满了他们的欢声笑语、汗水与泪水，而这些都将成为他们成长过程中宝贵的经历与回忆……

090灵寿二中帮扶点的刘亚飞同学可谓是2019年夏令营活动的幸运儿。他本以为自己错过了此次夏令营活动而难过不已，没想到我们共同行动的爱心人士开车将近四个半小时将孩子接到营地，孩子当时就和我说："共同行动真是个温暖大家庭，我爱这个家。"得益于这次夏令营，刘亚飞由腼腆转变成开朗，回去的路上给我讲个不停……

我们帮扶点的培羽生是初中的孩子，第一次离开父母出门，刚开始还有点恋家，但是与许多朋友在一起，很快就适应了集体生活。在这7天里，虽然没有父母在身边，但他们一点也没有不习惯，还学会了自己照顾自己。回去的路上学生都哭鼻子了。学生是这样和我说的，虽然夏令营结束了，但他们拍了许多照片，有空可以拿出来重温一下每一刻美好的时光。说这次活动让他们开阔了眼界，增长了见识。他们在夏令营活动中结识了许多新的朋友，将和他们继续保持联系。夏令营让他们的暑假变得充实、精彩，学到了许多在学校学不到的知识。

作为带队老师，这次我的感受是：回家真好！在这个大家庭大家都是为了培羽生的发展，没有拘谨，没有吝啬，没有利益，共同助力农村中学生的进步。这个专职志愿者我会一直担任下去，奉献出自己的爱心。共同行动志愿者，爱心人士，老师，同学，朋友，我们的相遇是美丽的邂逅，期待再会。

■ （志愿团志愿者：杨彤）

在我还是个学生，没有能力回报社会时，参加楷模行动助学基金带给了我一个机会，每捐一个问候便让我就觉得自己为社会贡献了微薄的力量。人到付出便得到了体现。很开心自己开始成为了一名志愿者。

王楠楠

很幸运，现在以志愿者的身份回看到笑容灿烂的孩子们，仿佛看到了他们行动时，心中感到无比幸福。孩子们加油！我们一直在共同行动

见善人欢悦，手有余香是我心中理想的形象
为来帮助学生们成长时收获到心中的满足和快乐，共同行动让我的形象身上……

带领社团成员传递希望，我义不容辞；协助各雁回家，我义无反顾；一直来奉献的精神，尽我所能及的事！

心将会从一个人身上传到另一个人一股强大的社会暖流，为爱如瓦。

2眼梦

在共同行动中身份的转换，让我有机会用行动去证明感恩，我会用自己满分的爱和最温暖的微笑去诠释爱的传递！

甄如月

爱心传递，爱意传播。

张磊

帮助别人放飞梦想的同时，也去让我自己的内心更加强大。

我喜欢做志愿者，我认为志愿者是个神圣的是博爱的体现，是爱的代言，没有报酬在帮助别人的同时自己真的能够感

当接通帮感受到爱

It is great to be back home

回家真好

090 志愿团
灵寿二中
杨彤

我们的相遇是偶然？不，是预谋！自成为共同行动专职志愿者以来，我体会到了人世间的真善美，看到过培羽生因志愿者的鼓励而兴奋不已，看到过培羽生接到帮扶物品珍惜的样子，这次又看到了培羽生参加共同行动2019年夏令营后的蜕变，这样的感动太多太多……夏令营里充满了他们的欢声笑语、汗水与泪水，而这些都将成为他们成长过程中宝贵的经历与回忆……

090灵寿二中帮扶点的刘亚飞同学可谓是2019年夏令营活动的幸运儿。他本以为自己错过了此次夏令营活动而难过不已，没想到我们共同行动的爱心人士开车将近四个半小时将孩子接到营地，孩子当时就和我说："共同行动真是个温暖大家庭，我爱这个家。"得益于这次夏令营，刘亚飞由腼腆转变成开朗，回去的路上给我讲个不停……

我们帮扶点的培羽生是初中的孩子，第一次离开父母出门，刚开始还有点恋家，但是与许多朋友在一起，很快就适应了集体生活。在这7天里，虽然没有父母在身边，但他们一点也没有不习惯，还学会了自己照顾自己。回去的路上学生都哭鼻子了。学生是这样和我说的，虽然夏令营结束了，但他们拍了许多照片，有空可以拿出来重温一下每一刻美好的时光。说这次活动让他们开阔了眼界，增长了见识。他们在夏令营活动中结识了许多新的朋友，将和他们继续保持联系。夏令营让他们的暑假变得充实、精彩，学到了许多在学校学不到的知识。

作为带队老师，这次我的感受是：回家真好！在这个大家庭大家都是为了培羽生的发展，没有拘谨，没有吝啬，没有利益，共同助力农村中学生的进步。这个专职志愿者我会一直担任下去，奉献出自己的爱心。共同行动志愿者，爱心人士，老师，同学，朋友，我们的相遇是美丽的邂逅，期待再会。

■ （志愿团志愿者：杨彤）

档案

RECORD OF VOLUNTEERS

在我还是个学生、没有能力回报社会时，"河加诚"同行动助学基金给了我一个机会，每打一个回访电话，我就觉得自己为社会贡献了微薄的力量。人生价值得到了体现，很开心自己也成为了一名志愿者。

王诗雨

赠人玫瑰，手有余香。当看到自己用尽全力来帮助学生们成长时，我的心中得到了无比的满足和快乐。共同行动让爱从一个人身上传到另一个人身上，形成一股强大的社会暖流。万众一心，众志成城。

很幸运，现在以志愿者的身份回（报）看到笑容灿烂的孩子们，仿佛看到了（他们）他们行动时，心中感到无比幸福。孩子们加油！我们一直在共同行动

带领社团成员传递希望，我义不容辞；协助各（地）雁回家，我义无反顾；一如（既）来奉爱的奉献之精神，尽我（之）所能及此事！

王顺婷

在共同行动中身份的转换，让我有机会用行动去证明感恩，我会用自己满分的爱和最温暖的微笑去诠释爱的传递！

甄如月

爱心传递，爱意传播。

耶嘉

帮助别人放飞梦想的同时，也会让我自己的内心更加强大。

黄娜

当接通帮（助电话）感受到爱（的传递）

我喜欢做志愿者，我认为志愿者是个神圣的（职业），是博爱的体现，是爱的代言，没有报酬，在帮助别人的同时自己真的能够感（受到）

伙伴志愿者 Partner volunteer

大学生志愿者 184—246

为社会尽一份责任，为他人送一片爱心。
用我们的爱心托起明天的希望

成长路上，有爱同行

曾经，别人用他们的爱给了我家一般的温暖。如今，
我要像他们一样，用爱温暖更多孩子的心灵！
　　　　　　　　　　　　　　　刘继行

一件事，你若想做你总会尽脑汁去想办法，
今我有能力了，总能做些什么的。
　　　　　　　　　　金茹

长电话核对信息，属实时，
的帮助用到了实处。
　　　　刘继敏

从学习生到志愿者，身份的变化让我真正
理解慈善，理解助学。成长路上，我们共同行动。
我认为共同行动就是我们一起行动
我更相信念念不忘，必有回响，在未来
重塑自己将志愿服务坚持到底　高舒悦

服务社会，帮助他人不能流于形式，而是要发自内心，
要用真心去关爱需要帮助的人，不忘初心，成人达己！
　　　　　　　　　　　　　　曾梦婷

送人玫瑰
别人的同时，自己真正能感受
种幸福，也许很累，但是享受到
伙伴，却是什么都换不到的。
　　　　　　　　　　靳亚召

也许我们是渺小的，我们无力去
但是我们可以改变自身去影响他人
I can! I can do! I ca

步履轻辑，携手
共同行动，我

档案 2019-01

姓名	王媛静
性别	女
成为志愿者时间	2019年1月
志愿者编号	0011240
志愿者背景	现就读于河北地质大学

志愿者服务语录

在我还是个学生没有能力回报社会时，河北共同行动助学基金给了我一个机会，每打一个回访电话，我就觉得自己为社会贡献了微薄的力量。人生价值得到了体现，很开心自己能成为一名志愿者。

王媛静

Understand
Joint Action

认识共同行动

河北地质大学
王媛静

"共同行动"是河北省共同行动助学基金会的简称。共同行动基金会由河北省民政厅批准设立,旨在"精准助力能进步的农村中学生健康成长"。

今年,我得知并加入了这个组织。我一直想做一名志愿者,就是希望能给社会带来多一点的爱。很多时候,我们会觉得缺少爱,不被关怀。我相信凭着心中一份爱的种子,从我做起,从我们年轻人做起,我们可以让自己、让别人看到这个社会始终还是温暖的。

作为一名志愿者,在助人的同时,也是自助。在使其他生命活出精彩的同时,志愿者也可以从中得到思想上的升华,学会与人沟通,学会关爱他人,也更深刻地领会生命的意义。

我很荣幸能成为以传递爱心、志愿服务、乐于奉献、不求回报为宗旨的共同行动团队的成员之一。

我在共同行动秘书处承担志愿工作,主要是对已申请帮扶的农村中学生进行电话回访。从下午两点到六点,一直打着回访电话,在电话里,我确认学生们的基本信息,和他们的父母进行交流。

通过电话交流,我深刻认识到生活的不易,每个家庭的经历都是我之前没有想象过的艰难,这也使我认识到共同行动存在的必要和意义。我庆幸自己生活在一个幸福的家庭,也想长大以后去为他们做些什么,这不仅是为了他们,也是为中华之崛起!

■ (伙伴志愿者:王媛静)

档案 2018-03

姓名	杨学康
性别	男
成为志愿者时间	2018 年 3 月
志愿者编号	0011157
志愿者背景	现就读于河北交通职业技术学院

志愿者服务语录

赠人玫瑰，手有余香。当看到自己也能出一份力来帮助学生们成长时，自己内心收获无比的满足和快乐。共同行动，共同成长！

杨学康

The excellent time with the zither

锦瑟在御
岁月静好

河北交通职业技术学院
杨学康

美，通常指使人感到心情愉悦的一种主观感觉；舞者，美的佼佼者也。著名诗人李白曾说过，金花折风帽，白马小迟回，翩翩舞广袖，似鸟海东来。共同行动夏令营每期的周六晚上是我们才艺表演的时候，每个班级都会发出属于自己班级的声音，身为共同行动志愿者又是中级四班的班主任，我更有责任和义务激发我们班级的集体荣誉感，发出属于我们中级四班所有人的呐喊声。

我们班的外教叫 Sara，用我们班级所有人的话说："She is our goddess." 从这期孩子们入学第一天，Sara 便开始教授班级舞蹈，因为这也不是第一期的学生，所以我自己心里也能感受出，处于叛逆期的他们有时候会调皮捣蛋。再加上 Sara 的温柔性格，更会助长他们的气焰。第一天的风平浪静和后来的风起云涌，令我的内心也从欣慰转到了紧张，在第三天的排练中，有几个男生就一直在舞蹈队列中晃晃荡荡，Sara 的训斥并未得到她想要的结果，最终在我严格的要求和告知带队老师的恐吓下，他们不得不服。他们貌合神离的样子令我心里真的挺难受，而我却又不得不板起一张脸，内心也只好苦笑。

周五是外教带学生们排练的最后一天，可能由于之前的课程紧张，令我们班级的舞蹈未能彻底完成。我很着急和担心，担心演不出我所期待的效果，担心我们只是众多演出中的普通一个。还有一天的时间我们便要演出，经过五天的磨合，我能真切地感受到同学们的心已经连在了一起。这种担心我相信不只我有，我能从他们的眼中看出，他们也不想留下遗憾。Sara 将完善这个舞蹈的任务交给了我。思虑过后，我眼中少了那抹担心和畏惧，多了一抹坚定。

周六这天早上八点准时进入教室，进行了第一次的排练后我找出了我们的不足——缺少震撼人心的东西，我和同学们商量，当时我站在讲台上说："我相信我带出来的学生从来没有敷衍过，我相信中级四班是我带过最棒的学生。"我们这天认真排练，同学们集思广益，讨论如何改善我们的舞蹈，当所有人的想法拼接在一起的时候，那是比雨后彩虹更加绚丽的风景。

如期而至的演出正式拉开序幕，正如我所想，每个班级有每个班级的特色，每个孩子都带着自信的神情来演绎属于他们的风格，回头看我的学生，眼中没有畏惧和胆怯，相反多了跃跃欲试和一种一往无前的气势。我感觉他们已经成功地发出属于自己的呐喊声了。轮到我们了，看着他们的演出，看着看着，我便笑了。

演出结束后，我们班主任们一块儿上台为学生们送上祝福，这个环节其实可以说是我们每个人都不想经历的，因为离别总是让人感到压抑和沉重的，当学生们哭着喊："杨学康最帅！"他们真的给了我一种意想不到的来自内心的震颤。我爱你们，爱我带过的每个学生，我知道此刻我如果流泪是不对的，但是它却止不住地往下流。

明天便是离别的时候，我相信我带过的每个孩子离别时的眼泪都是带着满足和幸福快乐的泪水。

每一滴水都折射出一个多彩的世界，每一双眼睛都嵌进一个多彩的世界，每一条泛着清丽的旋律的小溪都闪烁着美的光辉。在共同行动大家庭中锦瑟在御，岁月静好。

■（伙伴志愿者：杨学康）

姓名	王成兰
性别	女
成为志愿者时间	2018 年 1 月
志愿者编号	0050230
志愿者背景	中学毕业于005临西二中帮扶点，曾是共同行动帮扶的培羽生，现就读于河北科技大学理工学院

志愿者服务语录

很幸运，现在以志愿者的身份回到大家庭中，看到笑容灿烂的孩子们，仿佛看到了曾经的自己。当为他们行动时，心中感到无比幸福。

孩子们加油！我们一直在共同行动等你们回家！

—— 王成兰

在志愿服务中学会感恩

Learn to be grateful during voluntary service

河北科技大学理工学院
王成兰

也许是一种缘分，让我在中学时期与共同行动这个大家庭相遇，成为一名被帮扶的培羽生。十分感激共同行动，感谢您在我困难的时候帮助了我，感谢您让我懂得了什么是给予的幸福，感谢您让我懂得了什么是大爱。在您的身上，我懂得了人生的意义，看到了真正的生命之光。

本着回归共同行动大家庭，回报共同行动的想法，在一次机缘巧合之下，2017年的暑假里，我有幸参加了由共同行动在石家庄举办的首届夏令营活动。夏令营的主要目的是让来自不同地区的培羽生能够在亲切的环境中，感受共同行动大家庭的温暖，开阔视野，增强自信。同时也让参与项目的爱心人士及代表通过与帮扶对象的朝夕相处，收获热心助人、慈善助学的幸福感。

阳光正温暖，年轻正当时。在营地的每一天，志愿者们都会早早地起床与孩子们一起做文体活动，一起上课，一起做游戏……看着孩子们一张张笑脸，感觉志愿者们的付出都是值得的。

用心做事，用爱待人。在营地里志愿者们分工明确，互帮互助，团结友爱。我的主要工作是在秘书处录入、编辑孩子们写的夏令营心得，开营的时候与志愿者老师们迎接孩子们的到来。文章中的每一个字都是孩子们用心写出来的感受。不敢辜负孩子们的用心，我们每天早早地就去秘书处，打开电脑，录入文章，最后排版，编辑，打印成册，保存好孩子们的夏令营之旅的记忆。

怀感恩之心，做感恩之人。夏令营虽然结束了，但是我的志愿服务未曾停止，有时间的时候，我会去秘书处做一些力所能及的事情，比如打回访电话及时了解培羽生的情况，为及时地将物资发放到培羽生手中，去仓库清点物资……与志愿者老师们一起在奉献中感受快乐。"爱在中秋"活动中也有我的身影。2018年我与共同行动志愿者以及会宁中学和临西实验中学的孩子们度过了难忘的中秋佳节，一边欣赏着孩子们的才艺，一边和孩子们分享月饼……

感恩，我们一直都在行动，我们都在尽我们最大的努力，去感谢所有给予我们爱和关心的人们！我的志愿者故事还没有结束，以后的故事更精彩！

■（伙伴志愿者：王成兰）

姓名	吴红燕
性别	女
成为志愿者时间	2017 年 9 月
志愿者编号	0330208
志愿者背景	中学毕业于 033 新河中学帮扶点,曾是共同行动帮扶的培羽生,现就读于河北师范大学,共同行动公益社团创始人
志愿者服务语录	

带领社团成员传递爱的真心,延续爱的希望,我义不容辞;协助各大高校建立社团,让鸿雁回家,我义无反顾;一定不忘成为志愿者时的誓词,秉承爱的奉献之精神,尽我所能帮助别人,为公益做力所能及的事!

吴红燕

一路上有你真好

河北师范大学
吴红燕

我是共同行动志愿者吴红燕，现就读于河北师范大学，从中学时期接受共同行动帮扶的培羽生，到大学时共同行动公益社社长，成长的道路上，共同行动始终与我相伴。

我与共同行动结缘是一个偶然。了解共同行动之后，我给秘书处写了一份申请，成为共同行动033新河中学帮扶点的一名培羽生，高中累计收到帮扶款2520元，还有一些帮扶物品，是一些基本的生活、学习用品。仍旧记得当时同学们羡慕的目光。共同行动不仅仅在物质上帮助了我，更多的是给予我们精神慰藉，因为帮扶款是随成绩的升降变化的，这给了我力量，那两年里我非常努力，高考的时候取得了不错的成绩。

在学校的时候，最喜欢过中秋节，会有共同行动寄来的月饼，更重要的是有共同行动的叔叔阿姨，还有一些志愿者会来。他们特别关心我们的学习和生活，特别是魏叔叔，他和蔼可亲的微笑、亲切的问候，真的深深打动了我。大家一起看节目、聊天，就像一家人一样，特别开心，估计也是那时候，我埋下了励志要成为他们这样的人的种子，期待有一天生根发芽，可以为其他的人遮风挡雨。

一转眼，高中就匆匆地过去了，高中一毕业，我立刻申请成为共同行动的志愿者。进入大学，第一件事就是去共同行动秘书处看看，这里没有我想象的高大上，办公室里只有简单的办公用品，还有奖状和锦旗，还偶然发现了老师们好像都爱用铅笔，用过期的文件反面当草稿，废纸上面密密麻麻的全是书写过的痕迹，老师们为了孩子们节省每一分钱。之后的每周日，我都会到这里，做一些志愿工作，累计去了很多次。与老师们相处过程中，我发现他们无时无刻不在为了共同行动的这些孩子付出，也学到了很多大学课堂之外的东西，让我眼界更加开阔，思维更加周密。

2017年中秋节，刚成为志愿者不久，我跟随老师去临西二中以及母校搞中秋联欢，换了一种身份，感觉身上的责任也多了许多，学生们围绕在身边的感觉非常奇特。我想要传递给他们更多正能量，想关心他们生活的一点一滴，想要把我的故事讲给他们，更想让他们将这份爱传递下去。想想，帮助他们其实受益更多的是自己。

中秋过完之后，我在秘书处做志愿服务工作，查看帮扶点毕业生去向时，发现好多学生毕业后来到师大，在共同行动基金会秘书处老师们的指引下，萌生了一个大胆的创意，把他们联系到一起，我要自己建立一个校级社团！这样我们做的志愿

It's nice to have you all the way

工作同时能得到学校的认可，虽未进入校级组织，但未来我将是一名校级社团的负责人，想想就充满力量。建立社团的过程中遇到很多的挫折，但我一直没有放弃，积极联系曾被帮扶、毕业后来到师大的学生，这是一个比较艰难的过程，他们在网站上留下的是父母的电话，联系父母的时候会出现不知情、换号，甚至觉得是诈骗等，即使要到了学生的电话，也有少部分人参与进来的意愿不大，这一度让我很伤脑筋。在经过了长达50余天的艰苦奋斗后，终于在11月中旬，我们成立了共同行动第一个大学生社团：河北师范大学共同行动公益社团，虽然是一个只有11个人的小团体，但是他们每个人都非常的优秀，现在已然成为社团的骨干。到上个学期结束，社团成立将近一年的时候，我们的社员已经达到60余人，今年"百团大战"招新，我们进行各种线上宣传，线下制作海报、宣传页，为他们讲解共同行动，很多人表示对我们充满了好奇，当日就有120余名学生加入共同行动社团，如今社团成员已达到169人，分布在河北师大的21个学院，如今社团管理体系完善，分设办公室、组织部、财务部、宣传部，分别负责活动的签到、策划、宣传、总结、新闻稿等等，现在我们举办活动得心应手。

在2018年5月4日，我参与策划了五四活动，组织各大高校的志愿者、鸿雁聚到一起见证优秀志愿者的颁奖仪式，并且大家一起烧烤、做游戏，增进感情。我还参加了去年的共同行动冬令营，与孩子们度过了一周的时间，享受了一场艺术盛宴。上个月在师大策划举办了一次为期5天的校园认捐活动，为孩子们筹集了一些善款，我们还成立了共同行动月刊小组，协助共同行动基金会秘书处老师做一些编辑工作。

我成为志愿者已经500多天了，每天进步一点点，从一个青涩懵懂的小女孩，变得日渐成熟，也收获了内心的满足，希望在未来的日子里，能给予更多人温暖。我会一直带着对共同行动的感恩之情，尽自己最大的努力做好自己的志愿者工作，把共同行动"爱的传递"精神一直发扬下去！

■ （伙伴志愿者：吴红燕）

档案 2018-03

姓名	王昭梦
性别	女
成为志愿者时间	2018 年 3 月
志愿者编号	0330207
志愿者背景	中学毕业于 033 新河中学帮扶点，曾是共同行动帮扶的培羽生，现就读于河北地质大学

志愿者服务语录

我们传递的爱心将会从一个人身上传到另一个人身上，最终汇聚成一股强大的社会暖流，为学生们的成长添砖加瓦。

王昭梦

The temperature remaining in the palms

停留在手心的温度

河北地质大学
王昭梦

赠人玫瑰，手有余香。爱心已点燃，不要再等待。这是一场接力赛，每个人都是主角，主角的光环让我们继续传递爱心。

2018年，是共同行动走进新河中学十周年的日子，我以共同行动志愿者的身份参加了这次活动，我也借此机会回到了故乡。望着车外的风景，心情也一点一点激动起来，回想我当年作为共同行动受帮扶学生的情景，心中不由充满感恩之情，如今身份转变，心中不自觉地将这份爱升华，同时也背负起使命感，决心将这份沉甸甸的爱传递给更多的人。

在这次会议里，播放了2017年夏令营的场景，我虽没能参加夏令营，但看着屏幕里闪动的画面，却觉得好像自己曾经参与过他们的相聚、离别以及不舍。我能理解他们的心情，是共同行动给了他们相聚的机会。整个回忆播放完毕后，有些画面在我脑海里久久不能忘却，多希望自己也能出现在这些画面里，出现在他们的回忆里。

之后，有帮扶学生的讲话。看着他们的样子，我想到了曾经懵懂的自己。高中阶段，我们接受共同行动对我们的帮扶，那些爱心人士从未要求我们给他们回报，只希望我们能够努力学习，学习进步。听着帮扶学生的讲话，与共同行动之间的回忆充满脑海。在这个嘈杂的城市里，竟有如此一心向善的人们。在这次会议中，我还看到了曾经的小学老师，我们以前是师生，现在都是共同行动志愿者，我们都是爱心的传递者！

记得有句谚语说："感谢是爱心的第一步。"如今想想，果真如此。曾经的我是爱心的接收者，如今我是爱心的传递者。这是身份的转变，也是心灵的升华。

越是接触共同行动，志愿者这三个字的分量也就越沉重，了解到的是一分责任，一分收获，从第一次打回访电话，听到家长对孩子的心声，从第一次发放帮扶物品时发自内心的喜悦，对共同行动的了解越深，你会发现自己越无法自拔，因为它好像有一种魔力，吸引着你，让你心安，让你真正的体会到家的温暖与呵护。

我爱这个家，这是我们所有共同行动孩子们的家。春蚕到死丝方尽，蜡炬成灰泪始干。我希望可以为了这个家贡献自己的每一分力量，共同守护好我们这个美好的大家庭，传递爱心之火！

■ （伙伴志愿者：王昭梦）

档案 2018-05

姓名	杨敬钊
性别	男
成为志愿者时间	2018 年 5 月
志愿者编号	0011167
志愿者背景	现就读于北京中医药大学东方学院

志愿者服务语录

为社会尽一份责任，为他人送一片爱心。用我们的爱心托起明天的希望。成长路上，有爱同行。

杨敬钊

That bunch
of paper roses

那束
纸做的
玫瑰

北京中医药大学东方学院
杨敬钊

指缝很宽，时间太瘦！要离别的那天，大家都心照不宣，我懂自己的不舍，也懂孩子们渐渐对我的依赖。我送他们上车时，他们是唱着歌离开的——张震岳的《再见》。后来，我做过很多次志愿者，也带过很多学生，但我永远也忘不了孩子们送我的那束纸玫瑰。我们本是不同象限的点、线、面，却在超越时空的领域里，用一朵花开的时间相遇。

"现在上课，全都回到座位上坐好，没看到外教已经在门口站着了吗？"我近乎咆哮地喊着，把安静美男子的形象抛到了九霄云外。第一节课前，我怀着兴奋又紧张的心情，提前来到初级一班的教室，而学生们看到我走进教室，竟然没有一丝反应，完全无视我，依然是各玩各的，交头接耳，嬉笑打闹，我不由得火冒三丈，于是出现了刚才河东狮吼那一幕。本来还想给自己塑造一个高冷文静的人设呢，这下全毁了，算了，毁就毁吧，这些孩子也太皮了。那一吼，拉开了我和孩子们相爱相杀的序幕。接下来的时间里，他们带给我太多的惊喜和惊吓，因为早操迟到、嬉笑打闹，而被体育老师罚跑步；因为打饭不排队而被志愿者老师教育；因为上外教课写暑假作业，而被带队老师训斥！可以说是状况百出，当然了，更多的还是温暖的瞬间。

因工作需要，我有一整天没去班里，让其他志愿者代我照看班级。当我第二天走进教室时，孩子们特别乖巧，都老老实实地坐着盯着我看，和之前的喧闹截然不同，我怀疑走错了教室，这时班长走上了讲台："老师，这是咱们班同学送您的，是我们自己做的，我们以后一定乖乖听话，不要离开我们，好吗？"我接过来一看，才发现是一束用纸叠的玫瑰花，全都含苞待放。我笑笑说："谢谢大家的礼物，我很喜欢，不过我没说过要离开你们啊。"他们听到我不走，都兴奋得快要跳起来了。后来我才知道，原来是代班的志愿者和他们开玩笑，说我因为他们不听话，生气了，要去带别的班了。上课铃响了，外教走了进来，我急忙走出教室，但是却落下了那束含苞待放的花。过了两天，我正在整理下期要用的物品，那个带班的志愿者找到我，说："学生们送你的花是他们自己制作的，我当时骗他们说，你生气了，不想带他们了，他们一下子全都慌了，说要制作礼物哄你开心，没想到，一天之内他们每个人都学会了折玫瑰，连那些笨手笨脚的男生都在认真地跟小女生学习，你是没看见他们那笨手笨脚又小心翼翼的样儿有多可爱。"我笑了笑说："是呀，他们很用心。"带班老师说："他们告诉我，你没有拿走那束花，而是把花放在了桌子上。"我尴尬地笑了笑说："好像是吧，那天太着急了。"代班老师："他们把那束花收了起来，然后给了我，问我，你是不是不喜欢他们送的礼物啊。现在，我把它还给你吧，其实，他们很容易受伤的。"听到这里，我心头一颤，是我疏忽了，那天孩子们期待的眼神和天真烂漫的笑脸浮现在我面前。是啊，他们本身就是缺少关爱的群体，他们会因为我们的爱而心怀感恩，也会因为我忽视他们的爱而受伤。我不该疏忽啊，他们一定很寒心很失落吧！从那以后，我更加注意自己的言行，更加重视他们对我的爱。

闭营仪式上，孩子们的表演很出色。就在仪式快要结束时，一个学生突然冲到了舞台上，跟主持人要过麦克风："杨老师您曾跟我们开玩笑说，营期结束之后我们都有毕业证书，你们做老师的却没有，现在我们所有同学一起给您颁发这张手绘的证书，你是个合格的好老师，谢谢你。"听到这里，我眼泪不争气地流了出来，这是孩子们对我工作的认可，更是他们对我的爱，我已经激动得说不出话，良久，我挤出一句："明天我送你们走的时候，谁都不许哭，你们是唱着歌来的，也要唱着歌走。"

此时，那束玫瑰在我的床头，开得正艳！

■（伙伴志愿者：杨敬钊）

姓名	曹梦娇
性别	女
成为志愿者时间	2018 年 3 月
志愿者编号	0330160
志愿者背景	中学毕业于 033 新河中学帮扶点，曾是共同行动帮扶的培羽生，现就读于石家庄铁道大学四方学院
志愿者服务语录	

服务社会，帮助他人不能流于形式，而是要发自内心，要用真心去关爱需要帮助的人，不忘初心，成人达己！

曹梦娇

在最美的年华遇见

石家庄铁道大学四方学院
曹梦娇

介绍一下我暑假所做的志愿工作吧。我参加的是共同行动2018年夏令营，是一名驻营志愿者，顾名思义，驻营就是一直在营地里，与营员们一同生活学习，全天24小时陪同。

2018年7月8日至8月12日，来自河北省42所帮扶点学校的1100多名农村中学生参加了共同行动2018年夏令营，他们都是家庭贫困的农村中学生。他们大多是第一次来到石家庄这样的大城市，第一次见到外教，听到正宗的英语发音，第一次上美术鉴赏课，第一次听音乐会……虽然每期夏令营只有7天时间，但这7天给孩子们带来的改变，却是无法用语言形容的。

营员的每一天从早晨文体空间开始，在专业教练带领下见识不同体育形式，亲身体会运动多样性的魅力，让每个孩子都爱上体育。然后开始课堂时间，全封闭纯正英语环境，境外持证教师采用国际教材教法授课，全面提升营员英语交流水平、国际视野、自我认知水平。每天紧张的英语课程结束后，汇聚各界"大咖"，进行素质教育，晚上七点准时开讲，从前沿科技介绍到先锋设计启蒙，从个体生命认知到公民的社会责任养成，从职业规划畅想到播音主持专业培训，从生命救护常识到青少年法律知识普及。各界知名人士以爱心公益讲座的形式，为孩子们打开一扇扇通向未来的窗口。

作为驻营志愿者，我全天候留在营地工作。35天的营期，共分为五期。每一期，无论骄阳还是细雨，都不能阻挡我们的脚步，从开营在大门口的迎接，到签到处的指引；从签到核对个人信息到发放营服、分班考试监场、判卷；从教室到宿舍，从宿舍到食堂，全都是由驻营志愿者引领。35天中，每天当第一缕阳光照进大地，驻营志愿者们就开始了自己忙碌而又充满意义的一天，每天早上，是志愿者把营员们文体空间需要的运动器材搬到操场；是志

Meet in our most beautiful years

愿者们为营员们检查宿舍卫生，最后一个离开宿舍楼；是志愿者们牺牲自己的早饭时间午睡时间，提前半个小时为营员们打开每个教室门，提前打开空调；是志愿者们引领营员们在食堂有序排队打饭，等到全部营员坐下吃饭，志愿者们再去打饭……

在这里，我们迎来一批营员，又送走一批营员，虽然每期只有短短的七天，但是营员们都与外教还有我们这群小班主任产生了深厚的感情，每一期结束的时候都是恋恋不舍、热泪盈眶，有些志愿者还开玩笑地说："共同行动就这样老欺骗我们的感情！"

在共同行动基金会的公众号上有这样一篇单独描写我们的文章："在共同行动夏令营的营地里，有那么一群可爱的人儿，他们穿着黄色的衣服，经常出没在孩子们的身边，每个人都很阳光开朗，默默付出，不辞勤苦，这群人就是共同行动2018年夏令营驻营志愿者，也是我们共同行动的'小黄人'，这些驻营志愿者，克服了种种困难，每天24小时驻守在营地里，一天实际工作时间长达16个小时，整个营期要持续35天不休息，但他们从未抱怨过什么，他们每天的工作从营员们的生活到学习，事无巨细……"

共同行动2018年夏令营，锻炼了我们的能力，给予了我们温暖，在这里我们见证了感恩与奉献。在最美的年纪遇见最美的你们，是我最大的幸运！

■ （伙伴志愿者：曹梦娇）

档案 2019-05

姓名	刘继雅
性别	女
成为志愿者时间	2019 年 5 月
志愿者编号	0060217
志愿者背景	中学毕业于 006 吴桥中学帮扶点，曾是共同行动帮扶的培羽生，现就读于河北科技大学

志愿者服务语录

曾经，别人用他们的爱给了我家一般的温暖。如今，我长大了。我要像他们一样，用爱温暖更多孩子的心灵！

刘继雅

Return of geese pass on love

鸿雁回归 将爱传递

河北科技大学
刘继雅

高二那一年的春天，我从班主任那里听说了共同行动基金会，从那时起，我就和共同行动这个大家庭结下了不解之缘。2016年8月18日，我作为河北吴桥中学的一名高二学生正式成为共同行动培羽生。从被帮扶的那天起，我就励志将来要做一名志愿者，去回报，去付出。

2019年，我没有辜负家长、老师和一直以来默默支持我的共同行动爱心人士的期望，考上了河北科技大学。在大学里，我成为一名青年志愿者，并积极加入了共同行动公益社，回到共同行动秘书处去做一名共同行动志愿者。

回到秘书处，我有一种回到家的感觉，而且我觉得我的愿望终于能够实现了——以我自身之力去奉献。

作为一名志愿者，我有许多事情需要学，到秘书处的第一件"任务"是给申请帮扶的孩子们的家长拨打回访电话。拨打电话之前，我需要先看一下同学们的申请信息，其中有一个孩子的申请理由使我印象深刻。

那个孩子的家庭情况不太好，父亲不支持他上学，一直以来都是他的母亲支持他、鼓励他。令我印象深刻的原因是，那个孩子想要考上河北科技大学，没错，正是我所在的学校。大学是一个充满机遇的世界，作为一名志愿者，当我知道我们将要帮扶的孩子想要来到我所在的大学和我一同学习的时候，我心里十分激动。在满怀激动之余，我拨通了他母亲的电话，那是一位很和蔼亲切的母亲，在和她交流时，我能强烈地感受到一位母亲对儿子的期望，这不禁使我想起了我在高考期间，我的父母对我从不放弃的鼓励。在挂电话之前，我对阿姨说："我也相信您的儿子会努力让自己优秀。"

我放下电话后，在心里默默地祝福学弟："愿你高中三年以梦为马，高考旗开得胜！"

从前，我是一名共同行动培羽生,现在,我是一名共同行动志愿者，我会以自身之力，将爱传递给更多像我一样的孩子们。

■ （伙伴志愿者：刘继雅）

档案 2017-07

姓名	甄如月
性别	女
成为志愿者时间	2017 年 7 月
志愿者编号	0160357
志愿者背景	中学毕业于 016 饶阳中学帮扶点，曾是共同行动帮扶的培羽生，现就读于河北地质大学华信学院

志愿者服务语录

在共同行动中身份的转换，让我有机会用行动去证明感恩，我会用自己满分的爱和最温暖的微笑去诠释爱的传递！

甄如月

I am sister Ru Yue

我是如月姐姐

河北地质大学华信学院
甄如月

"如月姐姐",我很喜欢这个称呼,自从2017年加入共同行动,我从一名受共同行动帮扶的培羽生变成一名志愿者,我的生活也从这里开始慢慢地发生改变。

我很幸运参加了2017年夏令营、冬令营,还有2018年的夏令营。在这里发生了很多很多的故事。共同行动见证了我的成长,我从一棵小嫩芽逐渐地长成了小树苗,希望我可以在这里变成一棵参天大树。

最令我印象深刻的,就是2018年夏令营的时候。那是一个炎热多雨,但是又美好的夏天。午休时间到了,所有的同学都上了床,我们也准备休息了,但是忽然听到了敲门的声音,走进来的是一个我比较熟悉的学生。她的手里拿着一件衣服,一脸的慌张。我问她怎么了。她说妈妈新给她买的衣服,刚洗了,但是被旁边深颜色衣服染上颜色了,妈妈知道了一定会说她的。

虽然我也不太清楚这件事该怎么解决,但是为了让她不要太着急,我和她说:"回去把衣服泡在水里,等晚上回来的时候再仔细地洗一洗,搓一搓,也许会洗掉,不要着急,肯定会有办法的。"她说了一句"谢谢"之后就走了。

第二天,我见她很高兴地来找我,说衣服上的颜色已经洗掉了,看着她蹦蹦跳跳的样子,我也很开心。自从有了那次经历,每次她见我都会非常大力地把我抱起来转一圈,虽然她比我还要瘦。

帮她解决了一件小事情,结果她就那么开心。这让我知道了,原来我的这一份小小的力量,也可以让别人快乐。我不再那么的不自信,我开始很热心地帮助他们解决所有的问题,因为我喜欢看到他们开心的样子,那笑容和他们天真的小脸蛋再合适不过了!

我喜欢每天和他们生活在一起,每天看着他们课上认真地学习,积极地回答问题,课下打打闹闹。这大概也是我想要的生活!看到他们每天朝气蓬勃的笑脸,我也会干劲十足!虽然我们差不了几岁,但是在这里,我们的身份是不一样的。我喜欢他们叫我老师或者如月姐姐!

我的志愿者故事怎么讲也讲不完。在共同行动,我找到了自己的价值,知道了原来自己可以做这么多的事情。我可以帮小同学们解决很多困难,更重要的是可以给他们带来快乐,同时我自己也会很快乐!我会继续加油,在快乐的同时,寻找自己的价值!希望我会快一点成为那一棵参天大树,为同学们遮风挡雨!让他们茁壮成长!

■ (伙伴志愿者:甄如月)

档案 2016-11

姓名	金芳
性别	女
成为志愿者时间	2016 年 11 月
志愿者编号	0330185
志愿者背景	中学毕业于 033 新河中学帮扶点 曾是共同行动帮扶的培羽生

志愿者服务语录

一件事，你若想做你会绞尽脑汁去想办法。如今我有能力了，总能做些什么的。

金芳

Warm memory

温暖的记忆

参加工作
金芳

前段时间整理相册翻到了一张高中时候的合影，照片里看到了魏老师、蒋叔、范老师等很多在秘书处遇到过的工作人员，那也是我们的第一张合影。

第一次拜访秘书处是一个周日，刘老师、邢老师和蒋叔在电脑前忙碌，那一天感觉自己多了一个家，三位长辈的关怀是如今也一直记在心里的温暖。蒋叔是一个很温暖的人，光头、布鞋是记忆中他的标配。他身体不好，但还坚持做着手里的工作，关注着每一位志愿者。每周周末我们到达秘书处时他都已经在等着我们，他给了我们很多的指导，也会在每次活动时告知我们，带领我们这个团队做好志愿者活动。

大学假期参加夏令营，遇到了很多志同道合的朋友：如月、婷婷、嘉怡、袁青、徐亮、子旭，带队出去参加活动，一次次在烈日下奔跑，每天晚上记录一天的工作，时刻关注学生们的动态，用一篇篇文章、一张张照片记录下同学们的身影，方北路18号——2017年夏令营营地存放着我们对那个夏天所有的记忆。

工作后一直没有去过秘书处，也没有见过蒋叔，真的很想你们。

■ （伙伴志愿者：金芳）

档案 2018-10

姓名	张升
性别	男
成为志愿者时间	2018 年 10 月
志愿者编号	0540292
志愿者背景	中学毕业于 054 顺平中学帮扶点，曾是共同行动帮扶的培羽生，现就读于石家庄铁道大学

志愿者服务语录

做志愿服务我十分自豪，做志愿服务是一件光荣的事，既帮助了他人，又快乐自己。

张升

From a Peiyu student to a volunteer

从受助学生到志愿者

石家庄铁道大学
张升

在高二的时候，我第一次听到老师讲共同行动，老师给我简单介绍了一下共同行动的宗旨、给学生提供哪些帮扶、什么样的学生符合帮扶对象要求。听了老师的简单介绍后，我想自己符合条件，就决定申请帮扶。主要目的是减轻家中的负担，因为上高中花费太大。我申请后不久，就得到了学校老师的通知——我成为一名培羽生。老师为我们发放了一些生活用品，如脸盆、牙膏、牙刷、床单、被罩……学习用品，如笔袋、笔芯、尺子……我第一次感受到了这个大家庭的温暖。八月十五到了，秘书处的老师带着好吃的月饼和我们一起过中秋节。我现在还记得非常清楚，老师亲自为我们发月饼和水果，让我感受到家人般的温暖。

转眼间，高考结束，我考上了大学，来到了石家庄铁道大学，到大学不久，现在的共同行动公益社社长联系了我，当时我毫不犹豫地加入了社团，并把这个社团推荐给了我的舍友，他们听后也纷纷参加。在去年的12月，我们社团举行了义卖活动，义卖的东西是一些杂志，但是需要从秘书处搬，这虽然看上去是个简单的事情，但是秘书处离我们很远，而且书的数量也不少，一箱一百多本，两个人搬着也不容易。但是作为志愿者，我们不惧困难，去了秘书处两次，总共搬书400多本。在学校的义卖中我们志愿者广发信息，吸引同学们来买，因为我们知道多卖一本书，就可能给他人带来更多的帮助。

今年3月，我和舍友一起参加了秘书处的志愿者培训。在那里我们听了讲座之后，感觉我们做的事情都是非常值得的。前几天，我和两个舍友在花福来的带领下去做一些志愿服务活动，花福来亲自教我们做志愿服务工作，给我们做示范。在打电话核实信息的时候，家长们说无论面对什么困难都会鼓励孩子学习，他们还说将来一定让孩子去传递爱心……每当我听到这些弟弟妹妹的父母说这些朴实无华亲切的话语的时候，我的内心都是暖暖的。

虽然我的能力有限，但是我一定竭尽全力去传递爱心，帮助更多的人。

■ （伙伴志愿者：张升）

档案 2017-11

姓名	葛舒悦
性别	女
成为志愿者时间	2017 年 11 月
志愿者编号	0600164
志愿者背景	中学毕业于 060 衡水一中帮扶点，曾是共同行动帮扶的培羽生，现就读于河北师范大学软件学院

志愿者服务语录

从培羽生到志愿者，身份的变化让我真正理解慈善，理解助学。成长路上，我们共同行动。

葛舒悦

My volunteer experience

我的志愿者成长历程

河北师范大学软件学院
葛舒悦

在 2018 年的暑假，作为一名驻营志愿者，我有了一个独特、惊喜又不舍的经历，那就是共同行动夏令营。每天和参加夏令营的农村中学生一起起床、吃饭、学习，带着他们玩耍，和他们聊天。我们高兴地迎接他们，依依不舍地送走他们。

每天坐在教室后面，做他们的秘密小翻译。他们从第一天的腼腆，到后来慢慢放开，和外教积极交流，这是他们的成长。看着他们排练节目，从刚开始紧张得不敢拉搭档的手，到最后完整得表演出来，这是他们的进步。在这里，一句"我相信你"，会让营员铭记；受伤后的关心，会让营员感受到温暖；在操场上围坐，游戏聊天，会让我们更好地了解彼此；志愿者之间的沟通互助，让夏令营更加完美。

跟着志愿者杨敬钊，向他学习，也和他一起带着营员玩，很多时候和他们班学生的关系比自己班还好。敬钊嫌弃我抢走了他在营员心中的位置，可我还是会在他的班级里溜达。

或许是因为这是我第一个班级，在管理上方法不太对。在最后一天的时候，营员们的手机发下来了，没有外教上课，他们就成了低头族，完全不听我讲话，我有些委屈，就有些生气地走出了教室。我的学生们看出来我不太高兴，就急忙跑出来安慰我，并向我保证会听我说的话，把我拉回了教室。这件事也让我进行了反思，应该学会和他们沟通，不能生气了就不管营员了，之后的营期中我没有再犯这样的错误。夏令营是营员成长的地方，同样也是我成长的地方。

印象最深的应该是最后一期的孩子们。他们几乎都是初中生，刚开始觉得他们不太懂我说的话，总觉得他们理解能力没有

之前营期的孩子们好。但是我慢慢地发现，他们只是还小，他们的真性情是别人没有的。班长、体委会非常认真地做好自己的事情。这一期的孩子还留给我一份带着全体初级一班的留言的礼物，这是他们在闭营仪式上偷偷地传着写给我的。我收到的时候，真的是非常感动和不舍。

每天同样的时间叫他们起床，同样的时间检查他们的卫生。有时候觉得自己太过严格，总是让营员们重新打扫卫生、擦镜子等。可一两次之后，他们会改变很多，成长很多，卫生会越来越好，表扬会越来越多。

虽然每天重复着所有事情，重复了35天，但是如果还有下一期，我还想再来。当8月11日闭营的时候，在2018年夏令营即将结束的时候，我忍不住了。苏老师让我们志愿者讲几句话，我却一句也讲不出，只剩下哽咽。

虽然每一期只是短短一周的时间，但和小营员们建立的友谊是值得永远铭记的。我们成了无话不谈的好朋友。周六晚上，我强忍着泪水看完他们的演出，一直在让自己平复。有些孩子不善表达感情，在离别的那一刻，他会一把抱住你，那一刻，再也止不住泪水。

在最美的年纪遇见最美的你们，是我最大的幸运。

■ （伙伴志愿者：葛舒悦）

姓名	张睿馨
性别	女
成为志愿者时间	2018 年 10 月
志愿者编号	0670142
志愿者背景	中学毕业于 067 承德县一中帮扶点，曾是共同行动帮扶的培羽生，现就读于河北政法职业学院
志愿者服务语录	

每一次的志愿活动中，我都能够感受到一种幸福感和热情，我希望我能用真诚的微笑和细致的服务给他人带去力量，给社会带去光亮。

张睿馨

参加年会第一次做志愿者

The first time to be a volunteer —— at the Annual Meeting

河北政法职业学院
张睿馨

志愿活动倡导的是团结友爱、助人为乐、见义勇为的社会风气，是当代社会一项十分高尚的事业。作为大学生，我们应该多参加志愿活动。我很高兴能够被选为共同行动年会的志愿者。

在上高中的时候，共同行动资助我上学，为我的家庭减轻了许多负担。我非常感谢共同行动基金会。考上大学后我就在石家庄，我找到了共同行动基金会秘书处，注册了志愿者。我参加的第一个活动就是年会。

年会一共有三天，2018年1月3日准备，1月4日召开年会，1月5日闭幕。年会分工明确，准备充足。我参加的是签到组和茶歇组，签到组志愿者上午10点准时到凯旋金悦大酒店报到，到场地之后穿好志愿者服装，准备好签到表，等待嘉宾，协助嘉宾签字并发放资料。老师们特别关心志愿者，中午为志愿者提供热气腾腾的午饭。与大家一起吃完饭后，我们进入茶歇间为嘉宾准备茶点，主要职责是准备果盘，洗切水果，摆放点心、水果与茶水杯等。按茶歇使用时间提前准备好所有物品，包括考虑到水的温度等细节，苹果洗净按统一标准切块。通过这次活动我学到了很多，最重要的是无论做什么工作我们都要认真仔细。

作为一名志愿者，我们就要把奉献、友爱、积极、进取的精神运用到学习中与工作中，希望大家在做志愿者工作中有所收获，能够成长。

■ （伙伴志愿者：张睿馨）

姓名	李隆鑫
性别	男
成为志愿者时间	2018 年 9 月
志愿者编号	0060244
志愿者背景	中学毕业于 006 吴桥中学帮扶点，曾是共同行动帮扶的培羽生，现就读于华北理工大学
志愿者服务语录	

也许我们是那么平凡，我们无力去改变社会。但是我们可以改变自身去影响他人。

I can! I can do! I can do it!

——李隆鑫

雁飞高翔 爱在心间

Geese fly high and keep love in the heart

华北理工大学
李隆鑫

鸿雁回归

我是李隆鑫，来自河北沧州一个贫困的小县城吴桥。以前的我，并不知道公益组织是什么样的组织，直到我接触到共同行动。受到共同行动基金会的一系列帮扶以及对共同行动深入了解之后，我真正感受到，总有那么一些人在社会中无私地奉献着。他们不为名、不图利，有的只是心中的那一份热爱。

2018年6月8日，我从006吴桥中学正式毕业，考入华北理工大学药学专业；我从培羽少年成为培羽青年，由一只雏雁变成了鸿雁。终于，我也可以亲自为共同行动做点什么了。2018年的暑假，我第一次打工。虽然赚的钱不是很多，但我从中拿出了100元捐给了共同行动基金会。2019年的寒假，我又去做了寒假工，这一次我从赚的钱中拿出600元捐了出来。我做的这些，只是为了那心中的热爱。志愿，不牵涉任何利益，不要求回报，心甘情愿地为社会奉献自己的绵薄之力。

爱的延续

我对共同行动基金会有着很深的感情。因为我曾经参加了2017年的第五期共同行动全封闭外教夏令营。高考结束后特别想去夏令营做志愿者，于是我通过学校的志愿者老师徐双老师向共同行动基金会提出了我的诉求。秘书处的老师考虑到我刚参加完高考，后续会有志愿填报，这是高考之后最重要的一步，因为这决定就读于哪所大学、读何种专业，基于这方面的考虑，秘书处的老师回绝了我的请求，希望我能够安心地填报志愿。虽然内心有些许的失落，但是我明白志愿填报的重要性，也知道秘书处老师的良苦用心。最终，我被华北理工大学药学专业录取。我当时觉得，自己成为鸿雁，要在参加工作之后再去资助其他人，把爱心传递下去，并没有想到自己大学期间要去做志愿者等一系列事情。但是我上了大学之后，一件事情彻底改变了我。

记得当时我正在机房上课，突然在高中和我一同受过共同行动资助的同学给我发来了几张照片，照片的内容是他正在大学做志愿活动，照片中真正吸引我的是一面印有"石家庄铁道大学共同行动公益社"的社团旗。我这才了解到在石家庄的几所大学中成立了属于共同行动的公益社团。当时我就非常想知道在华北理工大学有没有这样的社团。但是，由于自己才上大一，刚入学一个月，所知非常有限。后来，我在鸿雁群里联系到共同行动秘书处张慧霞老师，我了解到当时拥有共同行动公益社的大学有石家庄铁道大学、河北科技大学、河北师范大学，都位于石家庄，我突然萌发了一个想法：我是不是也可以在华北理工大学成立一个这样的社团，把我们曾经受到过共同行动资助且就读于华北理工大学的同学聚集起来，组成一个大家庭。我的这个想法获得了张老师以及秘书处所有老师的大力支持。

不怕失败，就怕后悔。既然有了想法就要去做，就要努力。成立社团面临的最大的困难就是在华北理工大学寻找曾经受过共同行动资助的学生。通过我们学院学生会主席王文师哥帮助，经过大约一个月的努力，我找到了除我之外的其他11名鸿雁。其中7名鸿雁决定跟我一起成立社团。他们分别是：006吴桥中学李彩月，014冀州中学杨梅钰，017郑口中学吉璐阳、尹晓伟、王澳，076临西实验中学习文青、王玉垒。我们有一个共同的目标，那就是在华北理工大学成立一个共同行动公益社。由于大家都没有经验，只能不停地摸索，共同行动基金会秘书处老师得知这一情况后，也积极地帮助我们解决困难，同时我们也得到了河北师大共同行动公益社社长吴红燕师姐和河北科技大学共同行动公益社社长韩笑师哥的帮助。他们为我们提供经验，告诉我们可能出现的问题以及解决各种问题的办法，最终我们的社团成立了起来。

社团成立后，我们在校园内对共同行动基金会进行了各种的校园宣传。经过不懈的努力，最终征集到四十余名志愿者。我们开始在华北理工大学举办各种各样的活动。在高考即将到来的前一个月，我们完成了"不负韶华，未来可期——2019年助力高考视频"录制以及剪辑，使学弟学妹对大学生活环境、学习氛围有了一个全面的认识，对大学生活更加向往，在最后的复习中充满动力。

几段文字简述我的志愿者故事，在此希望正在接受共同行动助力的学弟学妹们好好学习，拼出一个美好的未来；已经毕业的鸿雁们，牢记自己曾经许下的承诺，使我们的爱心可以更好地传递下去。

■（伙伴志愿者：李隆鑫）

档案 2019-03

姓名	陈蕊
性别	女
成为志愿者时间	2019 年 3 月
志愿者编号	0010803
志愿者背景	现就读于河北地质大学

志愿者服务语录

爱心传递，爱意传播。

陈蕊

The joy of volunteering

志愿服务的快乐

河北地质大学
陈蕊

爱志愿服务，爱社会！这个是我注册石家庄共同行动志愿者时想到的。这个也是我的指导思想。

上大学之前心里想过志愿服务而力不足。我要照顾家里和学习，家里和自己的事情都没有做到最好，何况去帮助他人。入大学之后，我在完成自己作为学生应该做好的事情外，通过社团，接触到社会的东西，因此可以做最想要做的志愿活动了。

参加了共同行动公益社，为帮扶学生整理帮扶物品，包括各种物品的分配、跨区倒库房、帮扶物品的运输等等，在汗水和疲惫中有着快乐。

我想这便是志愿服务带给我的快乐，带给我传递爱心的美好，就像咱们共同行动志愿者打回访电话中提到的"您的孩子是否将来会爱心传递，甚至将来有能力的话是否会帮助其他的培羽少年"。

纵使有些家长对我们的突然来电会有一些疑虑，毕竟如今骗人手段多样，一些关于这个方面的报道也越来越多，为了孩子的安全，态度不好，还有突然中断电话的，也是可以理解的，理解他们作为父母的一颗心。为了这个孩子，我们仍旧会拨通电话，耐心地解释。有时候看到孩子们的资料，会感动到哭，感觉就像我一样。他们那种需要爱心人士的帮助，那种拥有鸿鹄之志要去实现，那种强烈要求积极上进、追求进步的渴望，让我倍受触动。那种为了节省几块钱，跟书店讨价还价的场景会浮现在面前。希望培羽生能够实现鸿鹄之志。

"把别人的困难当作自己的困难，把同志的愉快看作自己的幸福。"雷锋同志的话激励着我砥砺前行，我会一直努力，一直奋斗。不管未来多远，生活多难，爬着也要做下去。我会把爱心人士的爱心回报给需要帮助的每一个人。爱志愿服务，爱社会！向雷锋叔叔学习。

■ （伙伴志愿者：陈蕊）

档案 2018-06

姓名	董娜
性别	女
成为志愿者时间	2018 年 6 月
志愿者编号	0010885
志愿者背景	现就读于河北地质大学

志愿者服务语录

帮助别人放飞梦想的同时，也会让我自己的内心更加强大。

——董娜

My volunteer story

我的志愿者故事

河北地质大学
董娜

  2019年6月2日，我来到共同行动秘书处，我将展开我的志愿服务活动。

  起初我什么也不懂，也不知道要做什么，之后在老师的带领下，我慢慢地了解了我要做的工作。我打通第一个电话的时候，还是有些紧张的。我第一个回访电话也让我印象深刻，电话的那一头是申请帮扶学生的母亲，听得出那是一位饱经沧桑的人，她说着我半懂半不懂的方言，每一句我都努力地去听。那是一位伟大的母亲，她独自抚养孩子长大，一直陪伴在孩子身边，听得出她十分了解自己的孩子，同时她渴望自己的孩子有所成就，她支持孩子成为培羽少年，并始终引导孩子多出去走走，见一见外面的世界，还教导孩子在学有所成后继续传递爱心。这是一个正能量母亲。

  这位母亲跟我说了很多，而我也说了很多工作以外的话，我也是真心希望那位同学在组织的帮助下解开心结，自信地面对生活。

  在志愿活动中我了解到社会百态，更感受到世间冷暖。每一次的志愿活动，总能给我带来很深的感悟，它带给我的是成长。

■ （伙伴志愿者：董娜）

档案 2018-07

姓名	靳亚召
性别	男
成为志愿者时间	2018 年 7 月
志愿者编号	0730088
志愿者背景	中学毕业于 073 宁晋中学帮扶点，曾是共同行动帮扶的培羽生，现就读于邯郸学院

志愿者服务语录

送人玫瑰，手留余香。在帮助别人的同时，自己真正能感受到一种幸福，也许很累，但是享受到的快乐，却是什么都换不到的。

靳亚召

The choice of heart

来自心灵的选择

邯郸学院
靳亚召

我笑了，因为有你们。

人间绿了，因为有春天；花瓣笑了，因为有阳光；心有芬芳，因为有爱。去年夏天，我笑了，因为有你们。

2018年的夏天，天很热，太阳很毒，但这丝毫阻挡不了我的脚步，只因为有一群可爱的人在等我。2018年7月7日，我作为共同行动的一只"鸿雁"，一名志愿者，参与了共同行动2018年夏令营。在夏令营中，我担任营员的班主任，和可爱的营员们、幽默风趣的Luka老师一起朝夕相处，度过了一段难忘的时光。

依稀记得我踏入这个班的时候，班里孩子们是那样的活泼、那样的可爱，他们没拿我当老师让我很欣慰，因为我本就是一个大哥哥。我不想让他们觉得夏令营跟补习班一样压抑，来到这里就是放松着也可以学到很多知识。当我第一次见到Luka老师他就主动跟我打招呼，他说："Hello, Mike, do you want join us."然后，我就一脸发蒙地被Luka跟这群孩子们整了，他们在玩类似老鹰抓小鸡的游戏，摸到谁谁就不能动了，然而他们集体摸我之后就跑开了，留下我一人独自在楼下凌乱。这个梗，我会记你们一辈子的。那天晚上我留在了男生宿舍，我知道宿舍没空调，可没想到居然这么热，我都受不了，何况那些孩子们，真心疼他们。好在他们还是很听话的，让我暖心的是有两个孩子跑到我的寝室给我送来了花露水和驱蚊液，并说："老师，晚上有蚊子，痒痒就抹点花露水。这儿太热，热醒了就去冲冲澡，往左扳是凉水。"真的，我很感动，他们比我小5岁，却那么懂事。那是我这二十年来最难忘的一个晚上。我觉得我是幸运的，虽然跟他们分开后这辈子都没有可能再相遇，但他们骨子里那份可爱是给我的最完美的礼物。

当我用心去触摸这片世界时，我庆幸自己当初的选择，这里让我知道什么是朴素和善良，让我找回原始的激情。没有人希望自己的回忆是冰冷和灰色的，让我们的爱心像阳光般温暖他们的心灵，给予孩子们一个属于自己的七彩阳光。

■ （伙伴志愿者：靳亚召）

档案 2018-10

姓名	刘继敏
性别	女
成为志愿者时间	2018 年 10 月
志愿者编号	0010852
志愿者背景	现就读于河北女子职业技术学院

志愿者服务语录

当将通帮扶者家去虫括核对信息,属实时,感受到爱心人士的帮助用到了实处。

刘继敏

Glorious and great volunteers

光荣而伟大的志愿者

河北女子职业技术学院
刘继敏

2019年3月10日，我们团队来到开元大厦，我们是河北女子职业技术学院护理系的志愿部成员。就在那天，我成为一名名副其实的志愿者，并且是河北省共同行动助学基金会的一名志愿者。

我处于懵懵懂懂的状态，在共同行动基金会老师的引导下，我才明白共同行动是一个为助力农村中学生开阔视野、增强自信而组织的公益基金会。和蔼可亲的老师指导我们关注共同行动公众号，深入了解共同行动多年的活动、帮扶对象，同时我们注册成为一名志愿者。随后，老师给我们倒水，告诉我们今天的工作安排，给我们详细介绍工作内容——打回访电话，就是要对帮扶点的中学生家庭贫困问题进行调查核实。

从早上9点开始，我们分别坐在电脑前，怀着激动的心情进入工作状态。首先打开网页进行帮扶点中学生信息核对，接着寻找他们父母的联系方式。在拨打第一个电话时，我有些犹豫，生怕说错话，内心纠结。细想后，还需面对打电话的问题。放下了心中的焦虑，拿起电话，拨打了出去，对面有人接起，对方是一位说话温柔的妈妈，这时我松了一口气儿。我询问道："您好，我是共同行动基金会的志愿者，我们想了解您是不是需要我们帮扶或者正在进行申请的帮扶的学生家长，现在进行调查。"对方回答："是的，我是XXX的家长，我们需要共同行动基金会的帮扶。"紧接着我又问："您方便介绍您家中的生活状况吗？"对方详细描述了她家几口人，奶奶身体不好，长期卧病在床。妈妈在家照顾奶奶，家中唯一劳动力是爸爸。他们都是农村人，没有什么收入来源，靠打工赚取生活费和孩子上学的费用，生活贫困，孩子学习成绩很优秀。就这样持续到下午4点，我们打着一个又一个电话，换了一个又一个父母，终于我们结束了当天的工作。在这一天中，虽然有些疲惫，但我们知道我们每核实一份资料，调查正确，情况属实，共同行动基金会都会给他们补助饭费，让孩子们吃饭多添一道菜。我们心中被共同行动的行为深深感动，一股暖流涌入心田，冲淡了疲惫与乏力。

我深深地感受到共同行动秉承物质帮扶、精神慰藉相结合的帮扶战略。它没有任何个人利益，一切为了农村中学生，希望他们进步，生活乐观，积极向上。作为共同行动基金会的一名志愿者，我充满幸福感和获得感。感谢共同行动基金会给我这个光荣而伟大的身份——志愿者。

■ （伙伴志愿者：刘继敏）

档案 2018-07

姓名	刘诺宇
性别	女
成为志愿者时间	2018年7月
志愿者编号	0010752
志愿者背景	现就读于河北师范大学

志愿者服务语录

步履轻锵，携手同行，不为彼岸只为海。
共同行动，我们一直在路上。

刘诺宇

To my favorite summer

致我最爱的那个夏天

河北师范大学
刘诺宇

"总有些惊奇的际遇，比方说当我遇见你。"总觉得这句歌词用于描述这次夏令营再合适不过了。本来，我和共同行动就像两条平行线，无限延伸也不可能会交集。但我有幸成为一名志愿者，在共同行动夏令营遇到了你们，谢谢你们给了我一个想无数次拥抱的夏天。

夏令营第一期我带爱心班的"小可爱们"，他们相比于其他参加夏令营的孩子年龄偏小，还在上小学，我和他们几乎形影不离，从早上的跑操晨练开始，到晚上回宿舍看到他们休息结束。七天过去，我成功获封"孩子王"的称号。我会和他们在回宿舍的路上一起唱《巴啦啦小魔仙》的主题曲，每天早上看看他们是不是都吃了鸡蛋。他们会把外教给他们的糖果分享给我，在合照时指导我做各种鬼脸，快闭营的两天还在我的枕头底下偷偷放写好的小纸条……我们能够感受到彼此的温暖，这种感觉真是棒极了。从见面到分别，我一天天看着他们在夏令营中和其他的哥哥姐姐们做同样的事也能做得很好，在课堂上丝毫不胆怯，勇于表现，积极参与，即使刚开始有些不适应，后来都能很好地调整状态，顺利结业。我很欣慰，更替他们感到骄傲，这是我在夏令营里的第一个骄傲。

第二期的四班学生是一群非常懂事的孩子。这是一个非常令人骄傲的班级，至少于我而言。晨体育时拔河比赛，或许是夏令营中最能集中体现班级凝聚力的时候了，很显然每一个班级都像奔赴战场一样激情饱满，每一位同学都想赢得这场比赛的胜利。第一场，我清楚班里男生并不多，拔河比赛没有优势，更清楚下一场即将和十位参赛同学全是男生的班级较量，胜算更是小之又小。于是我没有一直反复为他们加油，只是在加油之后告诉他们尽力了就不会后悔，放松心态。也许是幸运之神眷顾，再加上他们所有人力量的爆发和汇集，最后他们一路过关斩将，很争气，四班拿了第一名。外教课上，他们作为整体一次次受到老师的表扬，班级气氛和互动节奏都拿捏得很好；在离营前的班级会演上，他们的班级表演让全场和他们一起伴着节奏鼓起掌来；心得分享会上，我能感觉到他们写的话里有真情，有感动，有感恩，有不舍……我想这代表这次的经历的确让他们觉得意义非凡，也从此更加懂得珍惜与感恩身边的一切。四班，这是我的第二个大骄傲。

对于夏令营里的孩子们，我有太多太多的感情，实在不知道如何一时间全部表达出来。我收到他们的小纸条，收到他们亲手做的礼物，收到来自不同孩子家长的感谢，收到闭营仪式上他们的惊喜表白，看到临分别时他们眼里的泪光，甚至我在身体偶尔不适时尽管尽力掩饰他们也还是能察觉、询问……何德何能，可以得到他们的喜欢，可以收到他们的想念，可以成为他们和家长谈心时口中喜欢的班主任，可以在他们的人生中留下一点点的印记。他们的未来，一定充满光芒。

夏令营临结束时他们总说："老师，可能不会再遇见了，我会想你的。"那么现在我想告诉他们，只要我们都努力奔向更加优秀的自己，一定会在未来的某一天不期而遇。我们会从不同的起点奔向更闪耀的自己，互相鼓励，互相扶持，因为我们在共同行动。

写到这里又想起，其实身为教育工作者的父亲从小就一直教育我要有大爱，我一直似懂非懂，总觉得太过深奥，太过遥远，甚至有些刻板。父亲似乎也一直很想解释得更清楚，但总觉得缺点什么。但现在已经不同，共同行动是我的第二个家，这个家里的每一个人都让我觉得亲切，想要倍加珍惜。它把一笔笔善款筹集起来，只为把爱心一点点传递下去，只为能给一个孩子更好的现在和灿烂的未来。我亲眼见证了来自它的大爱，我希望它可以越来越好。作为光荣的志愿者，我会把它作为我终身的牵挂。我想对它说，能为你尽一份小小的力量，我觉得荣幸至极，希望你可以温暖更多的人，向世界传递更多的爱与善良。

未来的路很长，一家人，一起走。

■ （伙伴志愿者：刘诺宇）

姓名	苗紫璇
性别	女
成为志愿者时间	2017 年 10 月
志愿者编号	0150289
志愿者背景	中学毕业于 015 赞皇中学帮扶点，曾是共同行动帮扶的培羽生，现就读于河北科技大学理工学院
志愿者服务语录	

我认为共同行动就是我们一起行动，我更相信念念不忘，必有回响，在未来希望自己将志愿服务坚持到底。

苗紫璇

做一名不忘承诺的志愿者

To be a volunteer who won't forget promise

河北科技大学理工学院
苗紫璇

　　在共同行动两年多的帮扶下，我终于从高中毕业了。为什么要用终于呢？我想可能是解脱了吧，还有就是可以距离我的目标更近一步。忘不了各位老师和爱心人士陪我们过中秋，去学校看望我们，和我们一起吃午餐，更忘不了自己申请共同行动帮扶时许下的承诺。高考分数下来之后，很开心地报了石家庄的学校，当时第一次来石家庄，根本分不清东南西北，又沉迷于刚开学的新鲜感，把要做志愿者的事抛在云霄之外了。直到有一天，妈妈给我打电话说共同行动的老师联系家长要我们的联系方式。果不其然，第二天傍晚就收到了蒋老师的电话，老师让我去做志愿者，我答应第二天下午去。下午下课和曾经被帮扶的另一个同学就一起去了，到秘书处后，见到蒋老师，依然是那个在学校给我们讲话的蒋老师，还有一个志愿者叫徐亮，那时候正在打回访电话。在蒋老师的培训下，我们学到很多，也对共同行动有了更加深刻的了解。虽然回学校的时候天已经黑了，但那种找到组织的感觉真的很温馨。在老师的介绍下，我加入了河北科技大学共同行动的社团，当时我在中区，社团在新区，所以平时也是单独去秘书处。印象最深的是去年4月中旬，社团几个人去仓库整理发放帮扶物品。仓库离学校很远，我当时内心很发怵，但是想到还没有见过社团的人也挺可惜的，就坐公交过去了。当时看到社团里的人，心里莫名的兴奋。我们在老师的带领下去了仓库，看到了熟悉的物品。那时候帮扶物品的种类也在不断增多。我们先把需要的东西从高处抬下来，然后一点点地分类，确定帮扶点学校、物品的数量以及物品的种类……虽然很累，但当时做的一切都是值得的。做志愿者这件事，都是相互的，现在我志愿做这些事帮到了别人，当时肯定也有人志愿做一些事帮到了我。我们分发完部分帮扶点的帮扶物品后，已经不早了。老师说我们干重活累，还特意在来的路上给我们带了烧饼，让我们边走边吃。和社团的其他成员一起出来，分享了老师带的小烧饼，我们就坐上了不同的公交车回到了学校……经过那一下午，让我明白了：总有人在背后默默地付出。高中的时候，拿到这些帮扶物品，只知道是爱心人士资助我们的，却从没有想过这些细节。有了这一次经历，知道了很多，以后也会更加珍惜这样的志愿活动机会。

　　最后，再对共同行动的老师和各位爱心人士说一声谢谢，感谢共同行动给我们家一样的温暖。未来的日子，作为共同行动志愿者的一员，我会更多地参加志愿活动。

■（伙伴志愿者：苗紫璇）

姓名	张贺
性别	男
成为志愿者时间	2018 年 9 月
志愿者编号	0140455
志愿者背景	中学毕业于 014 冀州中学帮扶点，曾是共同行动帮扶的培羽生，现就读于河北师范大学
志愿者服务语录	

多少人只是胆怯地抬头看一眼月亮，又继续低头追索赖以温饱的便士……

张贺

一只鸿雁的回忆

河北师范大学
张贺

我是在高二的时候递交申请书成为一名培羽少年的。高中两年，共同行动的帮扶物资、帮扶款，举办的夏令营、"爱在中秋"等活动，对我的帮助很大。升入大学前，我以为可能会和共同行动失去联系。没想到，刚入学没多久，一位志愿者姐姐便给我打来了电话，跟我讲可以以一名鸿雁的身份回归组织，我欣然答应。告诉父母之后，他们也非常支持我的选择。我心里乐开了花，终于能够回报共同行动了。

在两位学姐的帮助下，我于2018年9月20日找到了共同行动基金会秘书处。秘书处位于石家庄开元大厦1801室，志愿者张慧霞老师亲切地问候了我们，随后向我们详细介绍了秘书处日常工作和规则。我了解到，我们的主要工作是审核中学生递交的申请书，打回访电话核实家庭情况。在回访工作中，我"走进了"许多中学生的家庭，倾听他们诉说那属于他们自己的故事。军训结束后，为了扩大社团规模，吴红燕学姐带着我和王瑞雪等人参加了河北师范大学的"百团大战"。"大战"那一天，我们搬展牌、贴照片、发传单。"大战"结束后，我们社团由原来的几十人扩大到上百人。那天，我虽然很累，但是感到很充实，很快乐。再往后，中秋节到了，秘书处需要派志愿者到帮扶点，和帮扶点师生一起度过这个团圆的传统节日。我很荣幸成为其中一员，并且很幸运地被派到我的母校冀州中学，真是一箭双雕。早上，我和韩笑等人和张慧霞老师集合。我们一行人乘着爱心人士的车去我的母校，一路上有说有笑，就像一家人似的。到达目的地之后，金老师等人热情地迎接了我们。之后，我们带着月饼，去我那熟悉的餐厅聚餐。在餐桌上，一位志愿者小姐姐代表我们讲话，之后我们便分发了月饼，并且和帮扶点学生一起切了一个大月饼，学生和我们志愿者的欢笑声响成一片。我的感慨颇多，两年前我还是学生，现在我成了志愿者，为学生服务。为此，我感到十分

The memory of a goose

幸运和满足。同时，我也非常感谢共同行动能够给我这个机会看望母校，为母校做一些贡献。

2019年1月4日至5日，河北省共同行动助学基金会举办的以"暖"为主题的共同行动2018年领航志愿者年度工作会议于石家庄凯旋金悦酒店举行。参会的有50多个志愿团的近200位志愿者，从全省各地赶来一起总结2018年的帮扶成果，共谋2019年共同行动公益事业发展大计。王瑞雪、冯泽涛、王龙、杨帅、王海力和我等人作为志愿者，在张老师、吴红燕和葛舒悦学姐的带领下进行了科学分工。我负责站在展牌旁接待到会人员，为志愿团成员拎包拍照。会议开完之后，我们还进行了"扇形天下"慈善拍卖活动，并将拍卖所获款项全部用于定向帮扶学生。会议结束后，我们几个志愿者把物资搬离酒店，放回秘书处进行整理。整个活动结束后，我整个人都要累瘫了。但是，能为共同行动贡献自己的一分力量，我感到很荣幸。

7月6日，共同行动2019年夏令营将会举行。作为一名来自师范大学的鸿雁，我想要在夏令营体验一下当班主任的感觉。更重要的是，我希望能够借助这次机会和共同行动其他志愿者打成一片，继续为共同行动贡献自己的力量。

■ （伙伴志愿者：张贺）

档案 2018-09

姓名	杨梅钰
性别	女
成为志愿者时间	2018 年 9 月
志愿者编号	0140488
志愿者背景	中学毕业于 014 冀州中学帮扶点，曾是共同行动帮扶的培羽生，现就读于华北理工大学

志愿者服务语录

人生活在一个有氧的环境里，
燃烧是一种氧化，
生锈也是一种氧化，
但我选择了燃烧。

——杨梅钰

I want to be proud of Joint Action

我想成为共同行动的骄傲

华北理工大学
杨梅钰

2018年，华北理工大学共同行动公益社正式成立了，我们将本校的培羽生聚集起来，将爱心继续传递下去。

在高考来临之际，我们社团一起录了视频，为学弟学妹们加油助力。

目前，我们的志愿活动只有"励志高考"，希望学弟学妹们能够不忘初心，相信自己。我们在校园里找美景，我们在志愿活动中践行志愿者精神，传播先进文化，为建设团结互助、平等友爱、共同前进的美好社会贡献力量。

我们虽然没有开展过特定的志愿活动，但我们的志愿服务精神没有减少。我们不只助力培羽生，还为其他的高三学子加油。我们的视频比较简单，但是很用心，我们用我们最简单的方式为学子们加油。

当然，我们的志愿精神也不只体现在特定的活动中。在本学期刚开学的时候，在来的火车上，我遇见了一个腿脚不太方便的女孩，她也是学生，因为没有买到坐票，所以只能站着，当时我正好坐在那一节车厢的最后面，看到了这个女孩，经过了解，我把位置让给了她。虽然这不算什么，但是我们把志愿精神延伸到了活动外面，我们并不是只有在特定的活动中才会去帮助别人。这些微不足道的小事，这些微小的爱，让这个世界变得更好。我们社团虽然没有开展很多的志愿活动，但是每一个活动都是我们认认真真举办的，我们对待这些活动都很用心。

我们将用实际行动将志愿精神发扬光大。

■（伙伴志愿者：杨梅钰）

档案 2018-07

姓名	袁丹
性别	女
成为志愿者时间	2018 年 7 月
志愿者编号	0011211
志愿者背景	现就读于保定职业技术学院

志愿者服务语录

永怀善意，清澈明朗，
用最真诚的微笑和实际行动
带给每一个学生温暖，我愿意把爱心
变成行动，做一个爱的传递者。

袁丹

I cherish such time

我很珍惜这样的时光

保定职业技术学院
袁丹

因为我姓"袁",所以我格外相信"缘分",我们在万千人海相聚,没有早一刻,也没有晚一刻地成为一家人。虽然夏令营仅仅只有35天,但每一天对我来说都弥足珍贵,所以,我格外珍惜和大家在一起的时光。

首先,我特别感谢共同行动的老师们愿意给我这次机会。在夏令营期间,我结交了许多朋友,并且认识了一群可爱的孩子,一起学习,共同进步。作为共同行动的驻营志愿者,我有幸负责晨体育的器材。在这里的每一天,我都被一些事情感动着。从一开始,学生们看着球散落在操场各个地方而无动于衷,到最后他们自己主动把球放回球筐里。闭营仪式上,张腾跃哭着喊着我的名字并说自己舍不得离开。他们离营时,他们给了我爱的小纸条……太多太多的感动,太多太多的回忆……

蝉鸣炎夏本是一年中最难熬的季节。但范老师却说,温度多高,我们的热情就有多高。那一刻,我就告诉我自己,我一定能坚持下去。很庆幸自己坚持到了最后。

我爱共同行动这个大家庭,而且发自内心地喜欢。

■ (伙伴志愿者:袁丹)

档案 2018-06

姓名	岳哲伟
性别	男
成为志愿者时间	2018年6月
志愿者编号	0011199
志愿者背景	现就读于河北师范大学

志愿者服务语录

共同行动，伴你成长。在共同的蓝天下，你们有不同的人生，不同的理想。我们会以不同的形式、共同的努力助你成长。孩子们祝你们未来"长风破浪会有时，直挂云帆济沧海"！

岳哲伟

My own story being a stationed volunteer

我的驻营志愿者故事

河北师范大学
岳哲伟

  我的故事是一段往事，一段美好的记忆。故事开始于2018年的夏天，那个闷热，没有空调，只有一个看心情转转停停的电扇的宿舍。每天最放松的时候，莫过于睡觉的时候，但是睡之前和睡醒之后都要做好多事情。晚上下了晚会，回到宿舍，督促大家洗漱、休息，然后把宿舍长叫出来开个小会。会议主要总结当天发生的情况，传达一下我们驻营志愿者的指示，以及提醒注意宿舍卫生、值日问题，最后聊一会儿天，拉近一下距离。不时有学生因为各种问题跑到驻营志愿者宿舍也就是我的宿舍，请求帮助。早晨通常是被要检查卫生的学生叫醒的，因为我在宿舍门口的位置，所以通常他们都会叫醒我（其实前一天晚上我们已经给他们分配好了哪个宿舍找谁检查）。惨兮兮，每天早晨都是被吵醒的，当时觉得苦，现在想想，满满的幸福。

  记忆犹新的是一个小胖子，宿舍里很热，我们都知道，可这也不是什么无法克服的困难，但是他都急哭了，热得睡不着，没办法我们就安慰他，让他跟其他同学换位置吹电扇，可是那个小电扇不管用啊，他还是没法睡。最后我们拉着他到宿管阿姨那里，那里有空调，可人家总不能让你一个人搞特殊吧。夜深了，他可能也累了，最后终于睡了。第二天晚上，我还担心他睡不着，可意外的是，他特别懂事，没有抱怨，静静地睡着了。孩子一天天都在成长，他学会了克服困难，真的特别棒。经过夏令营，我觉得我和这些孩子们都有很多收获，质的进步和美好难忘的回忆。写到这，我想他们了。

  ■ （伙伴志愿者：岳哲伟）

档案 2018-11

姓名	张如
性别	女
成为志愿者时间	2018 年 11 月
志愿者编号	0020263
志愿者背景	中学毕业于 002 邱县一中帮扶点，曾是共同行动帮扶的培羽生，现就读于河北体育学院

志愿者服务语录

心中有爱，眼里有光，不忘初心，并肩前行，一路向上，越努力，越有光。

张如

After high school, I became a Joint Action volunteer

高中毕业我成为共同行动志愿者

河北体育学院
张如

我是在2017年以培羽少年的身份来石家庄秘书处参加夏令营的。当时的我完全没有想到两年后的我会来到石家庄上学。现在回想，那个夏天好像是一场梦，那么短暂又那么难忘。

夏令营带给了我很多东西，让我看到了一个不一样的世界。在这里我接触到很多我从未接触过的事物，第一次看舞台剧，第一次见外教。在这里，我第一次有了对外面世界的新的认识。我在这里学到了太多太多的东西，我会永远记得那个夏天。同样难忘的还有那个秋天。在秋季开学典礼上，范老师为我们送来了结课证书。那一天范老师突然点了我的名字，让我上台去读我写的夏令营心得。那是我第一次上台讲话，我很激动，也很紧张。我一直记得下台前范老师给我的拥抱，真让人心安。

我很荣幸能成为共同行动这个大家庭中的一员。我在2016年加入共同行动，成为培羽少年。我还记得我当时承诺将来有能力会帮助其他培羽少年。我在夏令营结束后一直在想，等我高中毕业了，我也要成为共同行动的志愿者。现在我高中毕业了，我选择成为共同行动的志愿者。从培羽少年到志愿者，不过三年时间。这三年我从高中生变为大学生，从邱县来到石家庄。未来我会跟着共同行动这个大家庭一起走下去。

在2016年加入共同行动，在2017年参加夏令营，在2018年成为志愿者，在2019年故事还在进行中。

■ （伙伴志愿者：张如）

档案 2018-05

姓名	赵建伟
性别	男
成为志愿者时间	2018 年 5 月
志愿者编号	0011204
志愿者背景	现就读于河北师范大学软件学院

志愿者服务语录

长期的志愿者活动，让我感受到志愿者的意义。我们用真诚的微笑和细致的服务，带给社会光明。

赵建伟

Time is so delicate. It's nice to meet you.

时光微妙 遇见你们 真好

河北师范大学软件学院
赵建伟

  时值 2018 年 7 月 8 日，共同行动基金会于四十三中举办了夏令营活动，五期夏令营，一期七天。而我作为共同行动的志愿者也很幸运地参与了，为受共同行动基金会帮扶的初中高中学生服务。

  在四十三中我感受到社会人士对于孩子们的浓浓的爱。共同行动基金会是民间自发组织的慈善机构，一直致力于帮扶河北省内需要帮扶的农村中学生，真正的大爱无疆。而这次的外教夏令营活动也是为了让农村中学生近距离接触外教，促进学生们对英语产生兴趣，在以后能走得更远。

  初到四十三中，我们就身着黄色志愿者衣服了，而孩子们身着白色或红色的上衣，身上印制着"2018 外教夏令营"的字样。孩子们初来，他们怀揣着好奇、激动，更多的是胆怯，来到了四十三中大门口。我们这群"小黄人"向他们招手示意，带领他们按顺序进入校园。让学生们按帮扶编号站队，给他们分发营训服后，范老师在阶梯教室给他们进行开营前讲话，学生们见到"范妈妈"都很开心，也都很激动。同时我们也在进行紧张的考试安排、考场安排，学生们参加完开营前大会之后，开始进入考场，我们就成了他们的监考老师，看着他们的面孔，我忽然就想起了当初的我们。从此，我们就开始了一周的相伴。作为他们的班主任，我们也大不了他们几岁，与其说是师生，倒不如说这些小孩是我们的弟弟妹妹，我们这些驻营志愿者是他们的哥哥姐姐。

  接下来的几天，周一到周五，我们驻营志愿者作为班主任，成为和学生们朝夕相处的朋友。孩子们第一次与外国人亲密接触，第一次有了自己的英文名字，第一次和外教亲密互动，我们见证了孩子们一步一步的脚印，这是不一样的夏令营，也是不一样的夏天，承载着不一样的感动。

从早上六点半开始的文体空间，到七点半的早餐，八点的外教课，我们都一路相伴，其间有过欢乐，也有小孩生病。我们作为驻营志愿者，也一路陪伴他们去看医生，平日关心他们的生活学习。真的，这些弟弟妹妹很活泼可爱，也热爱外教夏令营的点点滴滴。

转眼就到了周六，营员们也开始在这天早晨撰写心得。看着他们一个个写着这一周的点点滴滴，我知道他们内心非常不舍得，不舍得他们的"范妈妈"，也不舍得亦师亦哥哥姐姐的我们这些驻营志愿者。作为他们的班主任，我们心里也蛮不舍得的，但一周的时光很快乐，也很短暂。时光微妙，我们很幸运能遇见他们。也希望他们在未来能回归共同行动基金会，成为归来的鸿雁，为共同行动的其他弟弟妹妹们，在未来，贡献自己的爱心，真正实现爱心传递！

我是赵建伟，一个来自河北师大的大二的志愿者，一加入共同行动这个大家庭，我就感觉到组织对农村中学生的浓浓爱意，沉甸甸的都是感情！我很荣幸，也很幸运成为四期陪伴来自不同地方的学生的班主任。愿我们共同行动发展得越来越好！爱心传递，我们在共同行动……

■ （伙伴志愿者：赵建伟）